M000315424

HELIOS HERRERA

NO ME VENDAS.
¡AYÚDAME
A COMPRAR!

Vende más sin manipular a nadie

SÉLECTOR

ACTUALIDAD EDITORIAL

No me vendas. Ayúdame a comprar
© Helios Herrera

© 2004. Helios Herrera Consultores, S.C.

iStockphoto, foto de portada

SÉLECTOR
ACTUALIDAD EDITORIAL

D.R. © Selector S.A. de C.V. 2016
Doctor Erazo 120, Col. Doctores,
C.P. 06720, México D.F.

ISBN: 978-607-453-358-3
Primera edición en Impulso Editorial Sélector: enero 2016

Características tipográficas aseguradas conforme a la ley. Prohibida la reproducción parcial o total mediante cualquier método conocido o por conocer, mecánico o electrónico, sin la autorización de los editores.

Impreso en México
Printed in Mexico

Índice

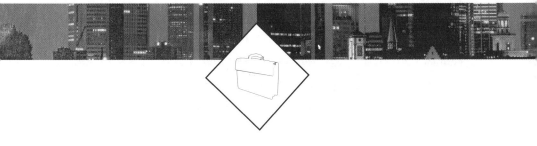

Introducción

"¡Ventas!, ¡ventas! ¡Quiero ventas!" Ésa es la demanda de todos los gerentes de ventas en sus juntas de los lunes por la mañana. "¡Ventas!, ¡ventas! ¡Necesito ventas!" Es la realidad frente al espejo de miles de vendedores de cualquier producto o servicio.

Más de 40% de la población de cualquier país se dedica formal y directamente a las ventas, en la mayoría de las empresas la proporción entre vendedores y personal de soporte incluso acaricia el 70%.

Y, por supuesto, es bien sabido que todos de una manera o de otra vendemos algo, sea un producto, un servicio, nuestra imagen, nuestras ideas o incluso el convencimiento para que nuestros hijos se coman las verduras; todos vendemos algo todos los días.

Parece un tema de suma importancia, ¡tan cotidiano!, y no alcanzo a entender la poca disposición de literatura accesible, en lenguaje claro y sencillo, que permita familiarizarse de lleno con la materia en aras de profesionalizar al individuo en esta área.

Y es que todos vendemos, todos deberíamos invertir un poco de tiempo y de dinero en habilitarnos como vendedores más allá de los improvisados guiones de venta que pretenden diseñar personas bien intencionadas para la venta especifica de algún producto.

La profesión más antigua del mundo no es la prostitución, son las ventas; considera, pues, que para el primer acto de prostitución tuvo antes que suceder un proceso de compra-venta.

La actividad de ventas, no obstante, cuenta con tanta mala fama, que la mayoría encuentra despectivo decir con la boca bien abierta "¡Soy vendedor!" Basta revisar una a una las tarjetas de presentación de cientos de personas: "Ejecutivo comercial", "Asesor profesional", "Especialista en comercialización", "Ejecutivo de cuenta", "Líder del proyecto", "Asesor júnior", etc.; de hecho, no estoy seguro de haber recibido nunca una tarjeta que diga "Juan Pérez Vendedor profesional".

Por otro lado, la mala fama que el gremio tiene no ha sido hurtada, ancestralmente un gran segmento de vendedores se vanaglorian y festejan de haber "forzado" a determinado sujeto a firmar un contrato, cuando éste ni bien entendió el producto que compraba ni sabía claramente cómo éste beneficiaba sus intereses o solucionaba alguna de sus necesidades. No son pocas las transacciones en las que el cliente descubre con tristeza, un día después, que compró algo que definitivamente no usará y que por supuesto no necesitaba, que fue víctima de sus emociones y de un buen manipulador de las mismas.

Es un hecho que en sociedades donde la oferta y la demanda marcan el ritmo de la vida comercial siempre habrá vacantes disponibles para un vendedor. Si usted quiere conseguir trabajo mañana mismo no tiene más que estar dispuesto a dedicarse a las ventas, siempre será bienvenido en las filas de alguna compañía: "Aunque sea de vendedor", "No encuentro nada mejor", "En lo que consigo algo realmente serio", razones que, desde luego, devalúan aún más al oficio.

Y no son pocas las personas que apenas empiezan su carrera en ventas con esa postura fracasan irremediablemente, y es que desde el inicio su actitud está mal enfocada y golpean cada vez más al gremio y a su imagen.

Por supuesto, mucho de este mal es provocado por los mismos gerentes o promotores, quienes "aceptan" o reclutan en sus filas a cualquier persona con los pretextos de que "Como no hay que darles un sueldo fijo pueden intentarlo", "Total, van a comisiones", "No nos cuestan", nada más lejano de la realidad. Un vendedor nuevo tiene un costo altísimo para cualquier empresa, su reclutamiento, su apropiación del puesto, la capacitación en producto, en técnicas de venta y, por supuesto, la motivación continua, así como el desarrollo constante que se le debe ofrecer a un sujeto para hacerlo ya no digamos exitoso, sólo rentable, implican un costo económico realmente considerable en el que no reparamos al reclutar y consolidar una nueva fuerza de ventas.

Por fortuna, cada día el mercado se profesionaliza más, los puestos en ventas (aun sin salario fijo de por medio) cada vez son más cuidados y los candidatos son evaluados de acuerdo con sus capacidades y experiencias. Lamentablemente no siempre son los deseados, y es que, si un vendedor es en verdad bueno, difícilmente estará pidiendo trabajo, ya que de seguro tendrá excelentes ingresos en la empresa que lo desarrolló, y esta última quizá no "lo dejará ir"; por ello la oferta de reclutamiento es relativamente baja en calidad, lo que alimenta el círculo vicioso que dibujé en párrafos anteriores: el gerente de ventas debe trabajar "con lo que le cae", y el nuevo vendedor debe aceptar "lo que le ofrezcan".

No es poco frecuente que esos "magos" de la motivación personal que son los gerentes y promotores tomen a un candidato por completo en frío y terminen convirtiéndolo en un vendedor ganador, yo personalmente he tomado individuos que se acercan diciendo: "Contrátame de lo que quieras, menos de vendedor, las ventas no son para mí", y han terminado, en relativamente poco tiempo, convertidos en agresivos y rentables vendedores.

Y es que una vez que se supera el estigma de devaluación del puesto, el candidato descubre que las ventas son un mundo apasionante, libre, con flexibilidad de horarios y sin límite de ingresos, una de las actividades realmente más justas a las que se puede dedicar un ser humano, y digo justas porque en muy pocas actividades como en ésta el sujeto que en realidad trabaja... en realidad gana.

Pensemos, por ejemplo, en una secretaria, en un obrero e incluso en un gerente, subdirector o director de alguna compañía, cualquier puesto es bueno para este ejemplo: hoy trabaja el doble, hace dos veces más cartas, toma dos veces más llamadas y firma dos veces más documentos, pero ninguno de ellos ganará dos veces su salario.

Puede ser, claro, que en puestos de alta envergadura una importante cantidad llegue a sus bolsillos trimestralmente en forma de bono de productividad, pero incluso en directores generales de altísimo nivel esos bonos están tasados y casi nunca corresponden al esfuerzo que el individuo tuvo que ejercer diariamente para obtenerlos.

Si pensamos en esos altísimos ejecutivos de grandes corporativos y analizamos un poco su cotidianeidad, veremos que el nivel de compromiso personal hacia su empresa es enorme, la agenda siempre complicada y el estrés al 100%, digo, a aquellos a los que les va realmente bien. Y uno se pregunta... si esas personas tan calificadas y comprometidas se dedicaran directamente a las ventas, ¿no ganarían más?

Estudios serios afirman que sí, que muchos vendedores con carteras e ingresos abultados no cuentan con la misma preparación y nivel que esos altos ejecutivos, y que estos últimos simplemente no se dedican a las ventas o a la iniciativa privada por intereses de tipo profesional, personal o incluso por aferrarse a ingresos seguros que les permiten un nivel de vida adecuado, tan bueno que es difícil "apostarlo" para depender de sus propios resultados fuera del cobijo de una institución.

Y esto me permite visitar una más de las aristas del mundo de las ventas: efectivamente NO SON PARA TODO EL MUNDO, si bien es cierto que todos vendemos y que todos los vendedores pueden vivir de las ventas, pocos, realmente pocos se convierten en jugadores protagonistas de las grandes bolsas. Hay muchas premisas en torno al éxito en ventas, es bien sabido que 20% de los vendedores generan 80% de las ventas de una empresa, y, por supuesto, que 80% de las comisiones son repartidas entre ese 20% de empleados exitosos.

Luego entonces, son pocos los vendedores que realmente amasan fortunas, y muchos los que simplemente se mantienen de la actividad.

Lo fantástico de esta premisa es que no hay nada escrito, los corporativos NO escogen a sus vendedores exitosos, son ellos los que se escogen a sí mismos.

No importa el producto o servicio, tampoco la firma para la cual se trabaje ni los años de experiencia, en todos los negocios que he conocido en los últimos dieciocho años de trabajar con vendedores he encontrado campeones que llegaron prácticamente en cero y en pocos meses están dentro del *top* de su compañía, por supuesto, no han faltado los de abolengo, los que llevan años protagonizando fenómenos exitosos en su carrera, disfrutando todas las convenciones y viajes de incentivo, lo mismo que he convivido (muy a mi pesar) con personas que llevan más de treinta años vendiendo esos mismos productos o servicios pero obtienen resultados mediocres que les permiten, cuando más, precariamente sobrevivir.

Gente con años de experiencia, con cientos de cursos encima, con cualquier cantidad de conocimiento acumulado que simplemente no es capaz de materializarlo en ingresos, frente a gente nueva, recién despedida de algún gran corporativo, con años de ser empleados pero que un día se ven en la calle, aceptan una oferta en ventas y en pocas semanas no sólo nivelan su viejo salario, sino que lo superan con creces, y obtienen además libertad de gestión en sus agendas y en el tiempo que dedican a sus familias, y los de siempre, los campeones, los que desde ayer o desde hace años forman parte de ese 20% de gente extraordinariamente productiva, no dejan las ventas por nada del mundo, muchos inclusive tienen preparación profesional (que la mayoría de las veces no hizo ninguna diferencia en su gestión como vendedores): veterinarios millonarios vendiendo seguros, abogados "de a mercedes vendiendo afores", lo mismo que arquitectos o doctores con cuentas de más de seis dígitos que comercializan cosméticos, perfumes o cualquier otro servicio o producto.

Pues bien, este libro está enfocado a ellos, al 20% de vendedores exitosos de cualquier producto o servicio, sea que ya disfruten ese nivel o que estén empezando su carrera con la convicción férrea de lograrlo. Incluso no me sorprendería que algún lector lleve varios años "llevándola" en ventas y esté por decidir hacerse protagonista.

A ellos dedico esta obra, a los que desde hace años, meses o días hayan tomado la decisión de hacer de esta su profesión, su oportunidad de trascendencia y el camino para una cotidianeidad próspera y abundante, y es que a pesar de la experiencia personal de cualquiera de ellos, la base es la misma: actitud, compromiso, preparación, disciplina y ¡alegría por hacer las cosas bien!

Si tú que me lees eres un vendedor de abolengo y años de experiencia, encontrarás en este libro enfoques que muy probablemente no habías visto por tanto trabajo, te permitirá un nivel de profesionalismo que redundará en menos esfuerzo y más comisiones.

Si eres un nuevo candidato y estás acariciando por vez primera las mieles de la carrera en ventas, antes que nada ¡bienvenido!, si cuentas con la actitud y entereza para auto disciplinarte encontrarás en esta obra métodos claros, no manipulatorios y de sencilla aplicación que te permitirán acelerar tu proceso hacia el éxito en la profesión.

Y por supuesto, si llevas años en las ventas y aún no encuentras tu silla en el 20% del estándar de la empresa para la que vendes, este libro no puede pasar inadvertido en tu carrera, a menos, claro, que seas de aquellos a los que les gusta pasar desprevenidos en la profesión, y en la vida misma.

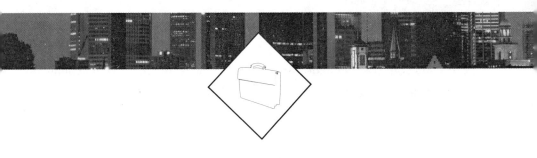

Qué esperar de este libro

La mayoría de los libros que conozco, lo mismo que los seminarios presenciales, incluso aquellos publicados en video o en formas electrónicas, principalmente abordan el tema de las ventas con la misma premisa: ofreciendo un compendio de técnicas, *tips* o prácticas que permitan al vendedor una postura ventajosa sobre el cliente, ya sea en el análisis mismo del producto o servicio, en la forma de presentarlo o en los famosos ardides de cierre.

Y no digo que estén del todo mal, pero al menos habrían de actualizarse con respecto a la madurez de los clientes en mercados cada vez más competidos.

En algunos años de impartir seminarios de técnicas de ventas al público en general, siempre he encontrado un fenómeno interesantísimo: entre 10 y 15% de los asistentes no son vendedores, sino gerentes de compras que asisten a los seminarios para actualizarse respecto a las técnicas de venta (la mayoría de las veces manipulatorias) que los vendedores están aprendiendo, a fin de estar "bien preparados" respecto a cómo resistir los embates que recibirán cada día.

Y es que históricamente se ha planteado en el mundo de las ventas y en el de la negociación, que para que alguien "gane" otro debe "perder", con todo y el famoso concepto "ganar-ganar", en la práctica no es poco frecuente que un vendedor salga exitoso de la oficina de un cliente festejando que "ya fregó" a otro.

Comentarios como: "Ah, cómo me costó trabajo, pero lo convencí", "Éste sí estuvo difícil", "Ni supo cuándo lo abroché", "Ya caerás… ya caerás" o "Chin, éste sí se me fue", son comunes entre vendedores mientras comparten el café, e incluso frente al gerente de ventas cuando revisan el seguimiento de la semana.

Y es que, la mayoría de las veces, su formación incluye una alta dosis de manipulación respecto al proceso de venta, se manejan conceptos como "el control de la pelota", "forzando el cierre" y "cómo hacer que su cliente diga *sí* fácilmente".

No es poco frecuente que se "ganen" ventas con estos trucos o ardides: "El cierre del sí", que consiste en hacer varias preguntas al cliente cuya respuesta obligada sea afirmativa, e intercalar entre preguntas poco objetivas el cierre de la venta:

—Estará usted de acuerdo conmigo, señor Pérez, en que en este momento de la economía todos necesitamos un seguro.

—Sí, claro.

—En que a usted le gustaría dejar protegidos a sus hijos en caso de fallecimiento con una abultada suma de dinero.

—Sí, por supuesto.

—En que mi producto se ajusta a sus necesidades.

—Sí.

—En que cualquier persona responsable debe prever este tipo de adquisiciones por su bien y por el de su familia, incluso garantizando un fondo para su retiro.

—Bueno… sí.

—¿Le parece bien que firmemos la solicitud y se la presento el próximo lunes?

—Mmmh, correcto.

Repito, no estoy en total desacuerdo con este tipo de técnicas o ardides de ventas, efectivamente sé que funcionan y generan cierres, ¡y cómo no!, si acorralan al prospecto haciéndolo sentir que no es responsable, inteligente o digno de confianza si no tiene o no compra nuestro producto.

Si bien es cierto que estos métodos tienen justa fama porque en muchas ocasiones funcionan, lo es también que van desgastando la relación entre cliente y vendedor.

No son pocos los que podrían incrementar notablemente sus ingresos regresando a vender nuevos productos o actualizaciones a sus viejos clientes y no lo hacen (a pesar de las exigencias y presiones por parte de sus gerentes) porque en el fondo no sienten que la relación con esos clientes realmente sea sólida, honesta o favorable. Alguna "cruda" emocional han conservado, cuando les vendieron se quedaron con un beneficio, con un descuento, con una condición especial que no ofrecieron, cerraron la venta sabiendo que el producto no satisfacía todas las necesidades de ese cliente, no de la mejor forma, o que incluso pudieron haber ofrecido un producto muy similar, pero con menos comisión para él o para la compañía y más beneficio para el prospecto.

Cuando se trata de volver a visitar al mismo cliente, solicitarle una recompra, una actualización o simplemente una lista de referidos, la mayoría de los vendedores no muestran la postura emocional abierta y franca.

Cabe subrayar que el vendedor no siempre se comporta así y que, por otro lado, en muchas ocasiones en que sí lo hizo fue por desconocimiento o por presión, otras por inconsciencia y afortunadamente en la minoría de las veces por un esquema consciente por completo retorcido y con visión de corto plazo.

Por su parte, el cliente, ha generado expectativas muy por encima de las que el producto o servicio puede satisfacer, ya sea por los embates emocionales y hasta bien intencionados que el vendedor entusiasta logró transmitirle, o efectivamente por algunas verdades a medias que éste omitió clarificar. El hecho es que la mayoría de las veces el cliente espera recibir más de lo que compró.

Esta histórica relación ha creado "bandos", cada uno se prepara cotidianamente para vencer al otro, este último cierra los canales de comunicación creando barreras para resistir al primero, cuando se enfrentan cara a cara ambos enarbolan la bandera del "ganar-ganar" mostrándose aparentemente interesados en un beneficio común, disfrazan de interés el cuidado de sus beneficios personales.

Pues bien, durante todo este texto abordaremos el arte de las ventas, pero desde una postura 100% empática, es decir, desde el punto de vista del comprador, no del vendedor.

Si bien es cierto que analizaremos técnicas y procedimientos de venta, éstos serán revisados desde la percepción de quien compra, no de quien vende, con la idea de que esta postura regule la "dosis" de posible manipulación emocional que el vendedor se puede permitir frente al prospecto cuando está usando cada una de las teorías, técnicas o tips de venta. Y hay buenas razones para ello:

1. Hoy el mercado es de compradores, no de vendedores.
2. Estamos más familiarizados con el proceso de compra que con el de venta, ya que aunque llevemos muchos años vendiendo tenemos mucha más experiencia práctica comprando cosas.
3. El mercado ha madurado, las cuentas emocionales que un cliente ha pagado han endurecido su postura ante las nuevas propuestas de compra.

Ignorar cualquiera de estas tres premisas irremediablemente provocará que nuestro porcentaje de bateo sea muy bajo y tengamos que visitar a muchas más personas para cerrar la cantidad de ventas que esperamos cada mes.

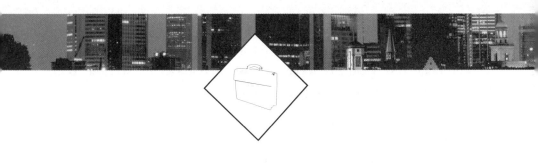

Hoy el mercado es de compradores, no de vendedores

Dos jóvenes primos, Jacobo y Moisés, se asoleaban plácidamente en las playas del Caribe.

El primero yacía ya dormido, mientras que el segundo se regocijaba con tan majestuosa vista. Después de algunas horas se escuchó a Moisés preocupado tratando de alertar a su primo para que despertase y cambiaran su posición: "Jacobo, Jacobo... ¡la marea está subiendo!", aquel, ni siquiera había acabado de despertar impulsivamente reaccionó: "¡Compra, Moisés, compra!"

No hay que ser demasiado letrado para entender la ley de la oferta y la demanda, cuando hay excedentes de un producto en la calle, dicho producto tiende a bajar de precio, es más fácil conseguirlo, por lo que los esfuerzos para hacerse de él son menores, y cuando hay escasez del producto en cuestión es más difícil conseguirlo y tiende a subir de precio. Oferta y demanda.

Probablemente estas leyes de la oferta y demanda no rijan el producto o servicio que tú vendes, pero sin duda alguna sí el que recibes a cambio: el dinero. Desde el punto de vista comercial, el dinero no es otra cosa que un mero producto, un tangible que sirve para hacer mercadería, para intercambiar por otros productos o servicios bajo el concepto del ancestral y añejado trueque o intercambio de mercancías.

La economía, en su premisa básica, no se ha modificado un ápice desde los fenicios (¿acaso desde antes?), tú produces telas, yo zapatos, yo quiero de tus telas y tú de mis zapatos, intercambiamos, pues, una dotación de tu producto por otra del mío y tan a gusto.

Cuando yo producía más zapatos de los que requería para intercambiar por cualquier otro producto o servicio que necesitara tenía un superávit, mismo que intercambiaba por productos poco perecederos que seguramente requeriría en un futuro cercano. Así, pues, el primer producto que se convirtió en moneda de cambio es el grano, de cuya durabilidad dependía el valor comercial que podía obtener a cambio de una "medida" (un recipiente que contenía determinada cantidad de grano), de tal suerte que quien producía grano en exceso era un hombre rico, ya que podía intercambiar prácticamente cualquier cosa, trigo, maíz, sorgo o cualquier otro. Más adelante el cacao, con su excelente durabilidad, se consideró la moneda de cambio más fuerte, cambio mis zapatos excedentes por cacao y éste por lo que yo quiera obtener.

Un poco más adelante el cacao se sustituyó por metales, en algún momento el oro, la plata y el bronce empezaron a recibir un trato preferencial por la sociedad, a ser "preciados", seguramente por su durabilidad innegable y por su hermosura intrínseca, y se convirtieron en poco tiempo en la moneda de cambio corriente. Una onza de oro tiene un determinado precio, lo cual significa que puede ser intercambiada por determinada cantidad de mis zapatos, y a su vez me alcanza para intercambiar, por determinada cantidad de grano o de cualquier otro producto o servicio.

Los metales, pues, principalmente los preciosos (entiéndase los de precio elevado) se convirtieron en algo así como "comodines" en la baraja, intercambiables por cualquier otro producto o servicio, ya sea para consumo de quien los intercambiaba o bien como reserva de cambio para que éste se canjeara por otras cosas.

Aquí cabe un breve paréntesis para entender llanamente el concepto de una devaluación, cuando la producción de granos tenía grandes excedentes, éstos no estaban ajenos a la premisa básica de la oferta y la demanda, hay mucho grano, es fácil encontrarlo, su valor tiende a bajar. Dicho de otra manera, si no se intercambia y consume, pronto se echará a perder, su costo disminuye.

Lo anterior también explica por qué algunos productores agrícolas todavía en la actualidad prefieren tirar a la basura cosechas enteras antes que mercadearlas en las centrales de abasto, cuando se sospecha y confirma que hay excedentes del producto en cuestión, llevarlas a buen término sería tanto como hacer disminuir su valor, es más ventajoso económicamente (aunque sea inmoral tirar tanto alimento) perder la carga de jitomate tirándola a la basura, que entregarla y bajar el precio.

Así pues, la economía evoluciona y convierte los metales preciosos en moneda de cambio; no hace muchos años, todavía en la época de nuestros abuelos, se intercambiaba con monedas acuñadas en plata o en oro.

Pero esto conllevaba problemas logísticos adicionales, no eran una mercancía fácil de transportar, por lo que los nobles terminaron por almacenar su oro y su plata en bodegas especializadas (hoy bancos) y mercadeaban con salvoconductos y pergaminos que a manera de "vales" respaldaban sus operaciones con determinada cantidad de plata u oro, misma que la bodega entregaría sin mayor trámite al portador del salvoconducto firmado por el noble.

Los nobles, las comunidades, las ciudades, y luego los países, eran tan ricos como la cantidad de oro y plata que tuvieran guardadas en sus reservas, y me refiero a enormes bodegas donde almacenaban cantidades impresionantes de dichos metales.

Todavía hace no más de veinticinco años, los billetes que utilizábamos, esos pedazos de papel de diseño caprichoso y tecnología "antifalsificación", decían en letras pequeñas "El Banco de México pagará a la vista y al portador 100 pesos oro", lo que suponía que cualquier persona que portara el billete y lo enseñara en la ventanilla bancaria debería salir con monedas de oro equivalentes a cien pesos en ese preciso momento.

Los nobles, por supuesto, tenían cuidado de no firmar más salvoconductos que los que la cantidad de metales en sus bodegas les permitieran, ya que la contraparte a la que habían comprado productos o servicios tenía derecho (y lo reclamaba) a recibir literalmente los metales como pago; vaya, los cheques no eran más que "vales" para que los nobles no cargasen permanentemente los metales en sus bolsillos.

Cuando un gobierno imprime y pone a circular una cantidad de billetes superior a la que puede respaldar en sus bodegas de metales, estos últimos (tanto los metales como los billetes) tienden a depreciarse nuevamente… oferta y demanda.

Así como los granos en determinado momento dejaron de ser suficientemente exactos como moneda de cambio, los metales han venido a hacerse a un lado de tal forma que un billete actual, por más que le busquemos, ya no dice que pagará a la vista ni al portador determinada cantidad de granos, de oro o de plata.

Y es que cuando la sociedad comienza a *producir* excedentes importantes de zapatos, leche, ropa o cualquier otro producto, llega un momento en que todas las reservas de metales de la comunidad completa no serían suficientes para intercambiarlas por todos los productos o servicios que la comunidad genera.

Lo que quiero resaltar es que el oro en sí no significaba riqueza, sino capacidad de intercambio comercial, de compra o, mejor dicho, de pago, esto es: "Oro no compra oro", y si lo compra no es necesario comprarlo. ¿Qué interés tendría una persona en cambiar una onza de oro por otra onza de oro?

Cuando la cantidad de producción es superior al valor asignado a la reserva de metales, éstos dejan de ser eficientes como moneda de cambio.

Lo que hoy respalda la economía lo mismo de los países que de las empresas (incluso de las personas físicas) no es la cantidad de oro o plata que tienen almacenada, sino la producción de bienes y servicios que son capaces de lograr en un determinado plazo.

Así pues, las reservas de metales siguen siendo un patrimonio para el país, lo mismo que la cantidad de manzanas, coches, plantas o cualquier otro producto o servicio que su población pueda producir y comercializar.

Sirva este pequeño paréntesis como mero breviario cultural; es la cantidad y calidad de bienes y servicios que produce un país en su conjunto lo que hace que sea rico o pobre. Hoy las grandes reservas de dinero en las arcas de los países están respaldadas no sólo en metales, sino en la producción misma de todos los bienes, servicios y mercancías que sus ciudadanos son capaces de producir.

Bien, dicho lo anterior, dimensionemos el dinero como una mera mercancía de cambio, un comodín en el gran trueque cotidiano.

Cuando, por ejemplo, el pueblo vecino tiene un excedente de producción de leche, si pretende venderlo entre los habitantes del mismo pueblo el valor de la leche disminuiría, luego entonces hay que buscar comunidades más lejanas donde la producción de leche sea escasa, ya que entonces los habitantes estarán dispuestos a pagar un poco más por ese producto, "simplemente aquí no hay y quiero leche, al precio que me la vendas… la voy a comprar."

Por supuesto que no pagará sólo el precio normal de la leche, también un sobreprecio por la escasez y otro adicional para cubrir el costo de transportación desde el pueblo productor hasta el pueblo consumidor.

Hablamos así del concepto elemental de importaciones y exportaciones, si el pueblo consumidor de leche fuera muy eficiente en producir zapatos y el pueblo productor de leche ineficiente en la producción de los mismos, podrían intercambiar una por otros y generar una balanza comercial, pero por supuesto hay diferencias a favor o en contra, uno consume más productos lácteos que la cantidad equivalente en zapatos, además, con un par de zapatos se pueden intercambiar cinco litros de leche, así, pues, el resultante es un déficit o un superávit en la economía de esas comunidades.

Cuando un país genera bienes y servicios de mayor valor comercial hace más eficiente su economía, porque produciendo "menos" puede intercambiar por "más".

Lo mismo que el zapatero que necesita leche todos los días, pero no puede intercambiar zapatos con el lechero todos los días y se va endeudando con él, hay comunidades enteras, y hoy países, que históricamente han sido incapaces de producir cantidad o calidad de bienes y servicios, pero siguen necesitando insumos de otros con esa capacidad, de tal suerte que hay países pobres y otros ricos.

La tentación de imprimir importantes cantidades de billetes para pagar las deudas a otras comunidades es alta, "total sólo nos cuesta la tinta y el papel y podemos pagar sin problema el déficit". Pero recordemos que los salvoconductos de los nobles estaban respaldados en oro, eran sólo vales para que el vendedor se presentara en la ventanilla a canjearlos por metales (ahora por producción).

Cuando un país imprime más salvoconductos, más billetes de los que están respaldados por su riqueza real, por la producción de bienes y servicios, automáticamente ocasiona que el dinero como producto pierda valor (se devalúe), ya que hay un excedente de esa mercancía respecto a la cantidad de mercancías que se pueden intercambiar por él.

Pero retomemos el concepto inicial de este capítulo: "Cuando hay excedentes de un producto en la calle, dicho producto tiende a bajar de precio […], y cuando hay escasez del producto […] tiende a subir de precio".

Si damos por sentado que el dinero es una mercancía por la que el cliente intercambia nuestros productos y servicios, debemos entender que cada vez tiene más valor, y es que cada vez hay más personas intercambiando sus productos y servicios por dinero, lo que hace que éste disminuya.

No pretendo en momento alguno profundizar en temas económicos, no soy la persona indicada, estos comentarios previos pretenden simplemente ilustrar que mientras más opciones hay en el mercado, más difícil será vender.

Veámoslo desde el otro lado de la cuerda: si hay sólo tres vendedores del producto o servicio que tú comercias en tu ciudad, a todos tus conciudadanos no les quedará más remedio que comprárselo a alguno de ustedes tres.

Si es un producto de consumo común, lo más seguro es que tanto tú como tus dos competidores amasen una buena fortuna, algunos hasta se darán el lujo de condicionar la venta del producto en cuestión: "Si quieres comprar leche (que está escasa y cara) deberás comprarme pan (que está barato y en existencias abundantes), si no te interesa comprar pan no te vendo leche."

Cuando se presentan un cuarto y luego un quinto lechero, que traen mercancías de otros lados, hacen que el costo de la leche disminuya y que sea comercializada incluso sin la compra de pan. Cien lecheros y la leche será un regalo para quien la quiera comprar.

Bueno, basta de obviedades, hoy por hoy el mercado del dinero está colapsado, son miles los que producen servicios y productos, y pocos los que agregan valor, es decir, hay menos dinero en las calles y montones de mercancías que esperan ser mercadeadas con el poco dinero que fluye.

El dinero se ha convertido en un producto tan escaso y tan caro que aquellos que lo tienen serán muy celosos en desprenderse de él, cuidarán lo mejor posible de intercambiarlo inteligentemente por aquellos productos o servicios que de verdad necesiten, y la oferta es tan abultada que el comprador tiene no una, sino sesenta opciones diferentes para analizar y decidir con quién intercambiará su preciado (de precio elevado) dinero.

Así pues, las épocas en que el mercado era de vendedores ya pasaron. Cuando sólo existían cinco o seis marcas de automóviles ese mercado era de vendedores: yo, dueño y señor de los coches, decido a quién venderle y con qué condiciones (si quieres leche compra pan), no era extraño ver a los vendedores de autos de la década de los ochenta bien asidos a su guardia de piso o a su escritorio, esperando, casi seleccionando a qué cliente atenderían y a cuál no; el servicio por supuesto era un concepto abstracto que no sólo no aportaba valor, sino que era nulificado por la oferta y la demanda, ¿por qué debo atenderte cordialmente y dar un valor agregado si eres tú quien quiere comprar mis coches?

Todos sabemos la realidad del mercado actual, la globalización, la apertura de fronteras y el crecimiento demográfico y económico han permitido que ya no haya sólo cinco o seis opciones de autos, ahora un comprador tiene frente a sí más de sesenta marcas, todas excelentes (ya que de otra manera no podrían siquiera competir), que ofrecen valores agregados y son representadas por redes de distribución agresivas, de tal suerte que un comprador puede elegir entre más de 2 500 distribuidores.

Comprará en aquella opción en la que encuentre no sólo el producto adecuado, sino las mejores condiciones en precio, en servicio, en valor agregado: "Si quieres que compre tu leche deberás incluir dos piezas de pan, antes de que la leche se eche a perder y pierda valor".

El ritmo del mercado es ahora establecido por los compradores, no por los vendedores. Y según veo las cosas, esta tendencia no podrá retraerse, al menos no en los próximos quince o veinte años.

La aportación que pretende esta obra es justo la siguiente: cientos, miles de vendedores fueron reclutados y capacitados con técnicas de venta que funcionaban cuando el mercado era regido por ellos, ¿por qué suponer que tendremos éxito en ventas usando las mismas premisas en un mercado que ha cambiado dramáticamente?

¿Por qué seguir proponiendo la capacitación de un vendedor desde el análisis del proceso de venta y no desde los ojos del amo del acelerador del mercado, el comprador?

Además, establezcamos un razonamiento básico: tenemos más experiencia como compradores que como vendedores, ya que todos los días compramos algo, y no todos los días (muy a pesar de nuestros gerentes) vendemos algo.

La idea básica de esta obra será en adelante analizar "por las que pasa" cualquier comprador (incluyéndonos a ti y a mí) cuando nos sometemos al proceso de comprar, cómo el mercado ha madurado y cómo la historia emocional del comprador provoca justificadas barreras ante el embate de nuevas propuestas.

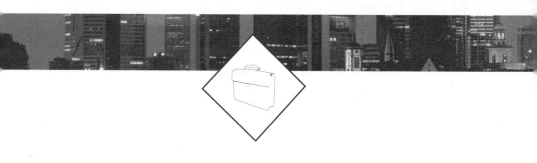

La historia emocional del comprador

Si damos por válido que nos encontramos ahora en un mercado regido por el comprador y no por el vendedor, ocioso sería proponer técnicas de venta que no partieran desde el punto de vista del primero.

No es difícil escuchar "el mercado cada día está más difícil". Y lejos de una expresión pesimista o negativa es una realidad fehaciente, cada vez cuesta más trabajo hacerse de un buen número de ventas, por un lado, debido a la enorme competencia derivada de la apertura de los mercados y al crecimiento mismo de las opciones disponibles, y, por otro, a la condición del mercado de compradores. Estos últimos han (hemos) madurado, el comprador se ha vuelto exigente, sabe que su dinero es un producto *preciado*, y será mucho más cauteloso respecto a con quién lo canjea y a cambio de qué.

Vaya, el comprador promedio ya no "se cuece al primer hervor", un tanto porque se ha especializado, otro tanto porque ha sido víctima de timos o experiencias no del todo positivas cuya suma le ha cubierto de naturales barreras y resistencias, y cuando nos presentamos frente a él no sólo cargamos encima las dudas naturales que puede tener respecto a nuestro producto o servicio, sino la secuela emocional de un montón de experiencias frustrantes.

Algo así como cuando una persona decide iniciar una nueva relación amorosa después de un divorcio, aunque haya dejado pasar tiempo para "curar" las heridas, las cicatrices quedan presentes, y le "cobrará" a la nueva pareja platos que ésta nunca se enteró que se rompieron, mucho menos hizo nada por romperlos; pero si esta nueva pareja realmente tiene interés por madurar una nueva relación sabrá adormecer los efectos de las viejas cuentas pendientes y ayudará a sanar, sembrando confianza donde hay incertidumbre.

Y es que todos hemos vivido experiencias como ésta:

Después de vivir con el mismo auto durante tres años, el esfuerzo cotidiano, el ahorro familiar y alguna que otra chamba adicional han permitido que Juan, un compadre nuestro, vea la posibilidad de hacerse de un nuevo coche y compartirlo con su familia.

Tres años de soñarlo, de trabajar y de esforzarse, cuenta ya con el enganche y hasta con una reserva para las primeras mensualidades.

—Pero viejo, ¿cómo vamos a pagar las letras cada mes? —le pregunta la comadre angustiada y con las manos sudando.

—No te preocupes, mujer, ¡nos lo merecemos! Trabajo como burro y estoy seguro de que con un poco de esfuerzo adicional sabremos acomodarlo en el presupuesto cotidiano… ¡Tres años de espera!

> ¡Excelente oferta!, ¡congele el precio!
> ¡Comprando ahora, su mejor opción!

Después de búsquedas, visitas a distintas agencias y siete pruebas de manejo de diferentes modelos, el compadre Juan finalmente decidió dar el apartado de un compacto blanco último modelo, claro, después de zafarse de los seis vendedores previos que, ni bien se acababa de bajar del vehículo en la prueba de manejo, ya estaban listos para el cierre. Regresó con el cuarto de ellos, le hizo saber su decisión: "Señor vendedor", dijo orgulloso, "¡me quedo con su compacto!, iniciemos los trámites para la autorización del crédito" (crédito cuya resolución está anunciada en un máximo de 48 horas).

"Señor don Juan, sabia decisión, no esperaba menos de usted. ¡Felicidades! —diría erguido y entusiasmado el agente de ventas."

"Después de presentar la lista de papeles necesarios, queda claro que nos tiene que dejar un apartado de por lo menos $5 000 (aunque un vendedor un poco más experimentado hubiera preguntado primero: "¿Cuánto desea dejar de apartado?").

"Pues bien, este apartado nos permitirá congelar el precio de $105 000 que ya incluye un 10% de descuento sobre el costo de contado, el seguro automotriz por un año, las protecciones para los espejos y… mmh… si me deja consultarlo con mi gerente veré en autorizarle el costo del emplacamiento… bueno, déjelo en mis manos: ¡emplacamiento y verificación por nuestra cuenta! Una vez que me entregue todos los papeles estaremos firmando y le entrego su unidad en tres días.

El buen compadre Juan puntualmente entrega los papeles necesarios y más. "Hoy es martes", pensó, "lo cual quiere decir que el viernes estreno mi coche".

Bitácora de un caso promedio:

Día 00:   Entrega y recepción del "apartado" de $5 000, firma de solicitud y presentación de TODOS los papeles para el trámite crediticio del compadre Juan.

Día 02:   Es el compadre Juan (y no el vendedor) el que se comunica para saber si ya está autorizado el crédito. El vendedor no está en la agencia y Juan deja un primer recado.

Día 03: El vendedor responde al llamado del día anterior: "Lamentablemente la gente de crédito no me ha dado respuesta, pero no se preocupe, todo está caminando."

Día 04: Aún no hay respuesta.

Día 05: "Resulta que falta un papel que usted (el compadre Juan) olvidó firmar" (como si él supiera de la existencia del mentado papel).

Día 06: "Sábado, crédito no trabaja hoy, esperemos hasta el lunes."

Día 07: "Ya merito."

Día 09: Por fin una respuesta clara: "Su nombre aparece en el buró de crédito", cosa extraña, porque el compadre Juan nunca ha tenido saldos vencidos en su historia.

Día 14: Después de montones de llamadas y seguimientos (hechos todos por el compadre Juan), el departamento de crédito confirma que fue un error, era otro Juan que ni compadre es.

Día 16: Con la amenaza de cancelar la operación, el gerente de ventas es enterado e interviene, y muestra al compadre Juan que se está haciendo todo lo posible.

Día 20: "Su crédito ha sido autorizado, lo esperamos para firmar los siguientes papeles."

Día 21: Reunión en la agencia para firmar los papeles pendientes, momento en que se establece la cita para la entrega de la unidad; por cierto, ya no hay compactos blancos... "pero tenemos uno verde divino".

El compadre Juan no acepta el verde y el vendedor se compromete a buscar uno blanco (¿de dónde lo irá a sacar si sabe de antemano que el inventario no lo deciden él ni el gerente, y que los intercambios entre agencias no dejan dinero a la casa?), aunque el verde... está divino.

Día 24: "Don Juan, definitivamente no hay compactos blancos por ningún lado, el único disponible está en una ciudad a 1 500 kilómetros de distancia, el flete hasta acá costaría muy caro, ¿por qué no me permite mostrarle el verde?, ¿ya le había yo dicho que está divino?, es el color nuevo para este año."

Día 26: Cita en la agencia para "muy apenados" mostrarle el compacto verde (que por cierto está divino), subir al compadre Juan y hacerle ver lo impactante que se ve dentro, amén, por supuesto, de ofrecerle disponibilidad inmediata.

Día 27: Cita programada para entregar el flamante y divino compacto verde que el compadre Juan "eligió".

Día 27: Una hora después de la cita aparece, aún húmedo, el flamante compacto verde (efectivamente divino).

Día 27: Treinta minutos después todavía no encuentran el cenicero, el encendedor ni los tapetes de atrás.

Día 27: Después de 30 minutos, el vendedor le hace ver al compadre que él ni fuma, que no necesitará el encendedor, y éste termina por proponer: "Me los entregas el próximo miércoles, ya casi se finiquita la entrega", cuando descubre un pequeño tallón en la facia trasera, mismo que según el vendedor "casi no se nota".

Día 27: Con la promesa de corregir el tallón de la facia en su primera visita de mantenimiento o "cuando usted lo quiera traer", el vendedor da por entregada la unidad, misma que aún no puede salir ya que falta la firma de vigilancia, de tradicional y de servicio.

Día 27: Ya muy noche, el compadre Juan pasa a recoger a la comadre a su trabajo para ir juntos a celebrar en su compacto verde, que por cierto está divino.

Día 29: Los compadres del compadre se van enterando de la nueva adquisición, y como en noche de 16 de septiembre al presidente, uno a uno presentan sus más elevadas felicitaciones al compadre, haciendo patente el orgullo de contar con Juan en la familia.

Día 30: Después de la felicitación descrita, Manuel, el más cercano de los compadres de Juan, le dice: "Qué bien que compraste coche, felicidades, cómo te admiro, pero… una preguntita, ¿por qué compacto?, ¿y verde?, ¿acaso no sabes que ese color es muy sucio?, está comprobado que son los que más se roban".

Día 32: El vecino Jacinto también felicita al compadre Juan, pero… "¿Por qué de esa marca vecino?, ¡son malísimos!, un amigo mío de la oficina compro uno, en menos de tres semanas salió un ruidito bajo el volante y lleva seis meses en el taller, en fin vecino, ojalá le salga bueno, felicidades".

Día 40: El hijo mayor del compadre Juan visita la ciudad y por supuesto es convidado a manejar el nuevo y divino compacto verde. "Está padrísimo, papá, realmente te felicito. ¿Cuánto dices que te costó?, ¿ciento cinco mil pesos? Ay, papá, tú no aprendes; me hubieras dicho, en la empresa tenemos convenio con esa armadora, seguro te lo conseguía en menos de 95. Ni cómo ayudarte, papá, de veras. Por cierto, cuida mucho que no le vaya a salir un ruidito bajo el volante, porque es mortal".

Día 42: En el periódico de la tarde aparece un anuncio que pone en oferta exactamente el mismo coche en $97 000 en la distribuidora del norte, claro, hay un incoveniente: sólo hay en existencia en color blanco.

Día 43: Aparece un ruidito de menor importancia justo bajo el volante. Podríamos seguir y seguir. No quiero por ningún motivo suponer que todas las operaciones de compra-venta de autos son así, pero sí me atrevo a aseverar que todos hemos vivido una experiencia similar, en carne propia o a través de alguien cercano, sea en la compra de un auto, una casa, una lavadora, una computadora o de lo que sea, y muy a nuestro pesar las posibilidades de volver a vivir algo así son grandes.

Analicemos algunas aristas de la experiencia:

1. El cliente llevaba años trabajando y esforzándose para poder adquirir su nuevo auto; para la agencia, el vendedor y el gerente ese coche representaba uno más en el récord de ventas del mes, uno de más de 150 que venden, y ni siquiera uno que dejara una gran utilidad.

   Pero para el compadre Juan no era uno más: viendo hacia el pasado, era su sueño personal, el resultante de años de trabajo, hay de por medio emociones, ilusiones, trabajo y sacrificio, y viendo hacia el futuro, representa una parte importantísima de su patrimonio, su medio de transporte, un activo y hasta una herramienta de trabajo que estará con él al menos dos o tres años.

2. A pesar de que el cliente planificó su compra, visitó opciones y cuidó responsablemente el proceso, tuvo la mala fortuna de vivir esta experiencia, pero como no hablamos de cacahuates, sino de nada más y nada menos que del segundo activo en cuanto a importancia para la economía de una familia promedio, el costo emocional en frustración es altísimo, la cicatriz que dejará en el cliente no sanará con facilidad.

3. Podrá pensarse que el ejemplo es exagerado, que desde el día cuatro el cliente podría haber cancelado la operación, solicitar que le reembolsaran su depósito y simplemente ir a comprar su auto a otro lugar. La verdad es que si el caso resulta fantástico, no me atrevo siquiera a escribir el diario al que se tendría que someter el cliente si quisiera cancelar y pedir su depósito: largas colas, entrevistas con muchas personas, "políticas de la casa", etcétera.

   Pero más que eso, es aquí donde debo subrayar la utilización extrema de las técnicas de venta basadas en conductas emocionales, en todo momento la parte vendedora sabe que el cliente DESEA su coche, que no está ahí para cancelarlo, sino para adquirirlo, por lo que con una buena dosis de disculpas, pequeños valores agregados, caras de compungidos y técnica, logra que el cliente sobreviva a tan mala experiencia.

4. Lo que para el vendedor es un "tallón que se ve muy poco", la falta del cenicero o de los tapetes, para el cliente es sin duda alguna un insulto a su inteligencia, una afrenta personal. Imaginemos que el cliente entregara un cheque sin firma o con la cantidad mal escrita, total, "casi ni se ve".

5. El medio social del cliente invariablemente compartirá el gusto por su nueva adquisición, pero sin duda lo someterá a un proceso de dudas respecto a lo inteligente de su compra, y es que aunque estén contentos con que Juan estrene vehículo están, también, incómodos por no poder estrenar ellos mismos, inconscientemente mostrarán señales que les permitan sentirse un poco menos mal y pongan a Juan incómodo para acortar la etapa eufórica de la nueva compra.

Por supuesto que el ejemplo podría ser un caso de estudio desde el lado del vendedor, habría una enorme lista de chequeo de cosas a revisar y mejorar, pero lo que pretendo establecer no es la postura del vendedor ni la de la agencia vendedora, sino la realidad emocional en el comprador, las secuelas que la experiencia deja y el estado de la relación humana que prevalece entre el cliente y el vendedor.

Todos estos antecedentes generan en el cliente una resistencia ante nuevos procesos de compra, y en el vendedor un sentimiento de inadecuación (cuando menos), de auténtica pena frente a su cliente; independientemente de que muchos de las actos no estaban bajo su control, se sabe y se siente responsable ante el cliente, al menos en términos ideales, claro, no faltará el vendedor al que no le importe todo el proceso que vivió Juan y sólo espere cobrar sus comisiones el siguiente viernes encogiendo los hombros sin darse cuenta, siquiera, de lo sucedido, o sin que esto le incomode en lo más mínimo.

En cualquiera de los casos, el vendedor ha perdido casi por completo la confianza del comprador (o así lo cree). Sería incongruente establecer un programa de llamadas de post-venta, hablar para saber cómo están el comprador y el vehículo o mantener contacto con él para solicitarle referidos o posibles nuevas ventas.

De tal suerte que con una visión de corto plazo, la mayoría de los vendedores atienden "el caso de la semana" sin ver más allá en la construcción de una cartera realmente sólida. Los campeones, los del 80% de las ventas, viven mucho más de sus viejos clientes que de las condiciones del mercado, pero, como ya hemos establecido, son la minoría.

Pensemos en nuestra propia experiencia: ¿Cuántos coches has comprado en tu vida o cuántos se han comprado en tu familia, digamos, desde tus padres? De esos, ¿en cuántas ocasiones recuerdas que el último vendedor te haya llamado por teléfono para invitarte a hacer una nueva compra?, claro más allá de la invitación a ver más modelos que te manda la agencia (no el vendedor), y que recibirás sólo en algunos casos. Es factible, sí, que en cada nueva compra tú busques al viejo vendedor, sea de autos, de seguros o de lo que quieras, pero menos de 80% tienen un programa sistemático de llamadas de seguimiento para alimentar la relación, en gran parte por las secuelas emocionales que los vendedores saben que se gestaron en el cliente.

No obstante, recordarás que, en tu caso, efectivamente cuando se trata de coches le hablas a equis vendedor, cuando deseas un nuevo seguro contactas a TU agente, y cuando tienes un problema con tus dientes visitas al mismo dentista, independientemente de las malas experiencias.

La memoria de los compradores no es tan permanente, fácil y rápido olvidamos los malos tratos o los perdonamos, simplemente nos adaptamos. Sabemos que seguiremos necesitando esos bienes o servicios, y ya sea que cortemos de tajo la relación con proveedores nefastos y vayamos en la búsqueda de nuevos, o bien pongamos en la balanza la mala experiencia pasada contra la necesidad actual. Hasta seguimos votando por los mismos partidos políticos que tanto criticamos.

Hasta aquí, me gustaría puntualizar algunas breves conclusiones desde el punto de vista del comprador:

Recapitulemos

1. Para él, lo que está comprando es mucho más que un producto, hay emociones e ilusiones de por medio.
2. No está ahí para cancelar la compra, sino para ejecutarla.
3. Muchos vendedores abusan de esa condición emocional.
4. Al estrenar, el cliente estará siempre sometido a un fuerte embate de su medio social cercano, que le hará dudar respecto a lo inteligente de su compra.
5. El nuevo producto estará en la vida del cliente, por lo que, si hizo una buena o una mala adquisición, tendrá que vivir con las consecuencias mucho tiempo.
6. La secuela emocional entre el vendedor y el comprador resulta más profunda para el primero, quien queda discapacitado para dar seguimiento, establecer una relación de años y buscar nuevos acercamientos.
7. El vendedor se ocupa más en la venta de la semana que en la adquisición de cartera para los próximos tres años, su visión es de muy corto plazo.
8. El comprador necesita seguir comprando, y reconocerá a aquellos proveedores eficientes, los premiará y procurará no perderlos.
9. La memoria del comprador es de corto plazo, en cuanto baje la intensidad emocional volverá a estar listo para enfrentar nuevos procesos de compra.
10. Veinte por ciento de los vendedores, los exitosos, ganan mucho más dinero de las relaciones de años, atendidas y alimentadas continuamente, que de las nuevas relaciones, cuidan su cartera como el patrimonio más claro y tangible de su carrera.

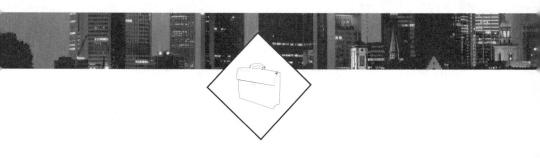

El poder de compra

Entendamos algo: al ser humano, a ti y a mí, ¡le encanta comprar!

Nos hace sentir poderosos (podemos comprar), en una economía tan aplastantemente estimulada por el consumismo son tantos los embates mercadológicos que atestan al ciudadano común —anuncios, espectaculares, paradigmas de éxito que nos hacen tener claro que somos mejores personas si poseemos determinados objetos de determinadas marcas.

No cualquiera *puede* traer un Mercedes, pero en una población de más de 120 millones de habitantes tampoco cualquiera *puede* traer un sedán, mantener a sus hijos en determinado colegio, usar cierta ropa, invertir en determinado seguro... Por Dios, con una incidencia de la pobreza extrema de más de 45% de la población total, no cualquiera puede siquiera comer todos los días y alimentar sanamente a sus hijos.

Comprar nos hace sentir que podemos, es testimonio explícito de que mientras no cualquiera, nosotros sí podemos.

Al comprar nos sentimos poderosos, grandes, se manifiesta tangiblemente nuestra capacidad en un mundo altamente competido bajo las reglas del materialismo; puede gustarnos o no, pero es la sociedad en la que vivimos.

Pero esto va mucho más allá: ¿te has preguntado por qué una manifestación de cariño es regalarle algo a quien amamos?

Resulta ser que en estudios serios se ha demostrado que "estrenar" estimula el sistema nervioso central y destapa un proceso bioquímico en nuestro organismo. La liberación de endorfina es invariable, en algunos casos hasta activa la libido de aquel que estrena.

Coloquialmente digo en mis conferencias "¡el olor a nuevo excita"! (quien logre envasarlo y comercializarlo haría excelente negocio).

Si ya sólo el hecho de estrenar genera sensaciones a nivel químico en nuestro sistema nervioso central, imaginemos cómo se potencia esa sensación cuando se combina con la percepción consciente o inconsciente de que comprar nos hace sentir poderosos.

Cuando le regalamos algo a alguien le estamos dando muchos mensajes:

→ He estado pensando en ti, cuando vi este producto te recordé, o estás tan presente en mi mente que lo quise comprar para ti.

→ No sólo pienso en ti, sino que eres importante para mí (pienso en mucha gente a la que no le compro ni le regalo nada).

→ Pienso en ti, eres importante y además eres bastante inteligente por vincular tu vida a personas como yo, que no sólo sienten cosas por ti, sino que tienen la capacidad de comprarte algo (recordemos que hay miles de personas que no pueden).

→ Eres tan valioso en mi vida que no sólo puedo comprar esto para ti, sino que merece la pena compartirlo contigo.

Hace algunos años surgió una campaña que decía "Regale afecto, no lo compre", "Lo importante es el juego, no el juguete", pero, y vuelvo a escribirlo aun cuando se incomoden mis valores personales: vivimos en una sociedad consumista, en la que el valor económico del obsequio claro que importa, ¡y cómo no va a importar!, no cualquiera puede comprar cosas, mucho menos cualquiera puede comprarlas para regalarlas.

Cuando obsequias una camioneta a tu esposa, no sólo derramas su libido y la estimulas a segregar endorfina en su organismo, también estás haciendo un testimonio tangible de que puedes (cuando otros no) y hay muchos mensajes en este gesto:

→ Puedo.
→ Te quiero.
→ He trabajado lo suficiente para proveer todo, y he hecho un extra para poder obsequiarte.
→ Tanto te quiero que con gusto hago ese esfuerzo adicional.
→ Por otro lado, te casaste con la persona correcta, porque yo puedo mientras otros no pueden.

La competencia y el nivel social que presupone tener es sinónimo de *poder*.

Quiero hacer notar que en la compra de cualquier producto o servicio el comprador ha involucrado intenciones emocionales muy por encima del producto o servicio que está comprando.

Estas intenciones son, la mayoría de las veces, la razón misma de la adquisición, y comúnmente pasan inadvertidas por los vendedores, cuando deberían ser el punto de partida del análisis del cliente a fin de establecer cómo tratarlo y qué ofrecerle.

Esto es, el producto o servicio que estamos vendiendo satisface muchas necesidades en el comprador, para empezar, la funcionalidad misma del producto, sea cual sea.

Si vendo seguros, la primera necesidad que satisfago será la protección, si vendo autos, el transporte, si vendo afores prever el futuro, etc. Pero más allá de la funcionalidad del producto o servicio, el cliente tiene *sus* propias razones y motivos emocionales para comprarlo, si las detectamos y atendemos estaremos facilitando el proceso de compra.

El sentimiento de poderío es común denominador, pero no el único, el repertorio va desde las "ganas de disculparse con su esposa" hasta el genuino orgullo de celebrar que el hijo se graduó, pero seguro estoy de que hay necesidades emocionales que el cliente satisface con el sólo hecho de comprar. ¡Y de qué manera!, cuántos clientes compran cosas que finalmente no alcanzan a pagar, o se generan endeudamientos enormes justo por satisfacer este tipo de necesidades emocionales.

Véase por donde se vea, al ser humano, a ti y a mí, le encanta comprar.

Recapitulemos:

1. Nos encanta comprar.
2. No cualquiera puede tener.
3. Comprar nos hace sentir poderosos.
4. Estrenar genera endorfina.
5. Cualquier compra involucra emociones y atributos emocionales por parte del cliente muy por encima del producto o servicio que esté comprando.
6. Estos atributos emocionales comúnmente no son tomados en cuenta por el vendedor, cuando son justamente la razón de la compra del cliente.

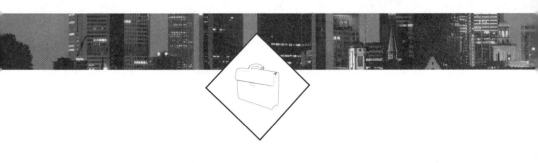

No nos gusta que nos vendan

Estás disfrutando apaciblemente el clásico futbolero tumbado en el sillón de tu casa. Al minuto 23 el timbre de la puerta distrae tu atención, la humilde y sonriente señora te ofrece: "Disculpe usted, vendo tamales, unos tamales buenísimos, yo misma los preparo, pruébelos, ándele". Tú contestas: "No, gracias, no quiero tamales en este momento."

Antes del minuto 31 ya estas imaginando el balón en forma de tamal, incluso, en tu mente pequeños tamalitos son los encargados de los tiros de esquina, mientras un gran tamal de hoja de plátano encabeza la defensa desde la portería adversaria... ¡te han antojado!

Decididamente, ni bien acabe el primer tiempo saldrás corriendo al súper de la esquina a comprar tamales, incluso el plan se perfecciona al establecer que podrás acompañarlos con una buena cerveza mientras disfrutas el segundo tiempo.

En cuanto el marcador se congela en la pantalla, y momentos antes de que inicien los comentarios de medio tiempo, ya tienes las llaves en la mano y la cartera dispuesta. Sales a toda velocidad por tus tamales y tu cerveza.

Al entrar al súper, por supuesto percibes que los tamales junto con todos los artículos perecederos están al fondo del establecimiento; sólo para "apoyarte" decides tomar un carrito de compras. En los primeros pasillos, casi interrumpiendo tu paso, encuentras las promociones del mes, algunos DVD, pilas y accesorios para tu celular, y te convences de que el precio es realmente bueno por la película que tanto te gustó en el cine... y la acomodas en el carrito. Pasillo a pasillo, cientos de opciones te hacen recordar infinidad de necesidades, desde la crema de afeitar, acompañada del rastrillo y la loción, hasta el maquillaje que sospechas que está por terminar, actualizas un poco la alacena y pasas por salchichonería para preparar el almuerzo de los hijos; incluso en la fila para pagar, tomas por impulso los últimos artículos de la compra del día, ya sea revistas, chicles o encendedores.

El desenlace lo conocemos todos, sales de la tienda con más de cuatro bolsas, y llegas a casa con todo menos con los tamales, que eran los únicos que ibas a comprar (las cervezas comúnmente no las olvidamos).

—¿Quién te vendió?

—Nadie. Tú compraste, y disfrutaste haciéndolo.

—¿Por qué no compraste los tamales a la buena señora que te los ofrecía hechos a mano y en la puerta de tu domicilio?

—Porque ella *los vendía*.

No nos gusta que nos vendan, pero nos encanta comprar. Satisfacemos necesidades inconscientes cuando compramos, nos sentimos grandes y poderosos; pero todo ese poderío, toda esa sensación de grandeza, toda la emoción que alcanzamos al ejercer nuestro poder y capacidad de compra invariablemente se pierde cuando sentimos que alguien nos vendió.

Esa histórica relación entre vendedor y cliente que ha generado el estigma de que para que alguien gane otro pierda, lo mismo que esas facturas emocionales que hemos pagado con experiencias de compra negativas, todo ese pasado se vuelve frente a nosotros cuando alguien nos vende.

Y es que también, en muchas ocasiones, hemos sido víctimas de nuestras necesidades emocionales, y nos descubrimos estrenando cosas que realmente no necesitábamos, que nunca usaremos, pero que alguien nos vendió:

"Era tan buena su argumentación, el ritmo y tono de su voz, defendía tan apasionadamente su producto, me resultaba tan lógico lo que me decía que simplemente lo compré" (realmente se lo vendieron).

Es una cuestión de física elemental, así como un espacio no puede ser ocupado por dos objetos al mismo tiempo, la sensación de poderío y grandeza que obtengo al comprar la pierdo si percibo que alguien me vendió, automáticamente me siento por debajo de ese vendedor, atrapado por su técnica.

De ahí la premisa de esta obra: No le vendas a ninguno de tus clientes, no les robes la sensación de poderío y grandeza, ayúdale a comprar, ayúdale a ejercer su poder de compra.

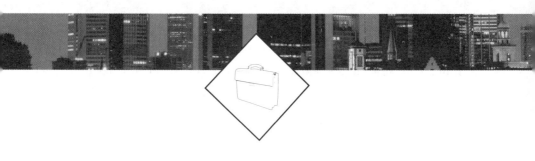

Poder de compra
vs poder de venta

Si damos por sentadas las necesidades emocionales que un comprador satisface al momento de comprar, lo mismo para el ama de casa en el supermercado que para el médico en su consultorio al recibir al representante farmacéutico, debemos asumir que prácticamente todas las técnicas de venta que se han diseñado, comunicado y expandido están basadas en la palanca de esas intenciones emocionales en los clientes.

El representante farmacéutico ha sido entrenado para hacer sentir importante al médico, estableciendo y reconociendo en él, de entrada, una postura de autoridad.

El vendedor de tiempos compartidos, lo mismo que el de telefonía celular, ha sido capacitado en el uso (mas no en el origen) de técnicas eficientes que destacan las emociones del cliente para atraparlo en ellas.

Un buen vendedor entonces, será un experto en el uso de esas técnicas que van desde la preparación del discurso, el ritmo y tono de voz, hasta la forma de presentar el producto y enfrentar al cliente a sus propias objeciones.

Y lo anterior no es del todo malo, efectivamente las técnicas funcionan, se generan ventas, el médico receta determinadas marcas y el cliente se comporta como se supone que debe hacerlo.

Así pues, la suma de esas técnicas, aunadas a la experiencia práctica, genera lo que denominaremos el poder de venta: la capacidad de un vendedor para convencer, para trasmitir confianza a su cliente destacando las ventajas y atributos de lo que vende por encima de las debilidades; hay vendedores realmente expertos en estas técnicas y en ejercer este poder.

Tal vez los más agresivos son los cerradores de los sistemas de tiempos compartidos. Revísalo: el cliente va caminando en la playa, alguien le vende la idea de un desayuno gratis a cambio de escuchar una opción vacacional, al llegar, una amable, linda y muy entusiasta señorita le hace un recorrido de ensueño por las fantásticas instalaciones del hotel.

Aun cuando el prospecto haya establecido con su esposa un pacto de no comprar, este "pacto" es bien conocido por los vendedores, y hasta tienen perfectamente diseñados momentos en el proceso para romperlo o, mejor dicho, para que uno de los cónyuges lo rompa. El resultado es bien sabido: la pareja sale de ahí como afortunada propietaria de un sistema para vacacionar casi de por vida. Por supuesto, la presión que ejerció el cerrador a través de técnicas, la mayoría manipulatorias, es automáticamente disminuida después de la firma, momento en que se toca la campana, aparecen veinte personas con botellas de champaña abrazando y celebrando a la nueva afortunada pareja que, si tenía alguna intención de "echarse para atrás", ésta queda completamente descalificada con toda la ceremonia de celebración que en su favor y sobre sus personas se efectúa.

Días después, la pareja aún no se explica cómo sucedieron las cosas, posiblemente nunca lo entienda, pero la realidad es que tienen ya un cargo en la tarjeta de crédito y la responsabilidad de hacer noventa y tantos pagos mensuales más.

Muchos, por supuesto, cancelan casi de inmediato, y absorben como pérdida una pequeña penalización; otros, aún emocionados, establecen que no saben qué paso, pero llegan al acuerdo de mantener los pagos, otros muchos los hacen al menos mientras su economía se los permite. La verdad absoluta es que ninguno programó destinar tiempo de sus vacaciones para conocer ese sistema, mucho menos habían hecho un análisis presupuestal, vaya, al iniciar el viaje no tenían bendita idea de que iban a regresar con esa adquisición. Fueron atendidos con agresividad por una maquinaria extraordinariamente calibrada y experta en ejercer poder de venta… y compraron.

Hay otros ejemplos del poder de venta:

¿Alguna vez has recibido una carta de tu compañía telefónica?, ¿esa que dice que acaban de firmar una alianza con la compañía de seguros que les permite ofrecerte por sólo $12 mensuales una protección por $100 000 en caso de fallecimiento?, ¿la misma que dice que saben que tú estás convencido de que es una inversión inteligente, y que asevera que por la exclusividad que te da formar parte de sus clientes tienes derecho a gozar ese beneficio durante tres meses completamente gratis?, ¿la misma carta que asume que no tienes tiempo para contratar tus seguros donde te venga en gana, y que decide por ti, al grado de que establece que al término de los tres meses cargarán la mínima cantidad de $12 al mes, en el entendido de que si no mandas una carta para cancelar el servicio dan por hecho que fue de tu completo agrado y estás enormemente agradecido de que alguien pensara por ti?

Muchos por supuesto hasta nos indignamos cuando leemos la misiva, otros inmediatamente hablamos al servicio 01-800 de la compañía para hacerles ver nuestra inconformidad y establecer que no queremos ni necesitamos el servicio ofrecido.

Los pocos que logramos sobrevivir al sistema de operadora electrónica que nos pide marcar treinta y dos números antes de hablar con un ser humano, establecemos contacto con una operadora muy amable que nos hace ver que la promoción está automatizada, y que de cualquier forma contaremos con el servicio sin costo alguno por tres meses, ¿por qué desperdiciar semejante beneficio?, "Mire, disfrútelo tres meses y con gusto lo cancelamos en el cuarto".

Total que aunque vociferes no hay forma de cancelar, sino hasta después del periodo gratis. Para cuando pasan los tres meses la mayoría hemos olvidado por completo el asunto, y casi ninguno repara en el modesto cargo de $12 que aparece en el estado de cuenta, y si de pura casualidad recordamos el asunto seis meses después, de plano no resulta prioritario cancelarlo, y si nos atrevemos a intentarlo, nuevamente vivimos el vía crucis del sistema de contestación automático y encontramos a otra operadora amable que nos dificulta la cancelación, ya sea dándonos razones de peso para no hacerla o bien demostrándonos lo complicado que sería; si alguna tarde disponemos del tiempo para redactar y enviar la famosa carta, resulta que "no la recibieron" y hay que mandar otra. La gran mayoría encogemos los hombros y nos resignamos a disfrutar *nuestra* compra.

Técnicas robustas de mercadotecnia, el análisis exacto del comportamiento estacional de los clientes, diseño de promociones, redacción profesional de agresivas presentaciones de venta, lo mismo que capacitación presencial en las fuerzas de ventas son el alimento constante y el fortalecimiento del poder de venta.

En resumen, entendamos como poder de venta toda aquella acción que quien vende ejerce sobre quien compra para lograr cerrar un trato.

Por su parte, como ya hemos establecido, el comprador ha madurado, la competencia, la historia emocional, el cúmulo de experiencias favorables o adversas y la conciencia de que su moneda de cambio, el dinero, está escasa, lo han hecho mucho más exigente.

Tiene de su lado *el poder de compra,* no lo confundamos con la cantidad de dinero que tiene, eso sería su capacidad de compra o mejor dicho de pago; no. El poder de compra tampoco es su capacidad para "resistir" los embates del vendedor, eso sería las barreras que ha aprendido a edificar para no ser manipulado o atrapado.

El poder de compra es algo mucho más sencillo, es, simplemente, la conciencia de que él tiene la última palabra.

El poder de compra permite entonces apoyar la relación entre las partes en la premisa básica de que es a ti, vendedor, a quien más le interesa cerrar el trato, luego entonces se establece una postura de ventaja a favor del comprador.

Claro que a ambos les interesa el cierre de la operación, es más, me atrevo a afirmar que es el comprador no sólo el primer interesado, sino el más interesado. Cuando definimos qué necesitamos o que queremos comprar algo, simplemente lo compramos, ya sea con un vendedor o con otro.

El poder de compra se establece como ventaja del comprador porque éste se sabe con la sartén por el mango; si bien es cierto que es el primer interesado en adquirir, tiene plena conciencia de que él decide con quien comprará; sabe que hay muchas opciones con las que te hará, consciente o inconscientemente, competir; luego entonces, parapeta su sentimiento de poderío en un acto de seguridad anticipada a fin de no pagar un costo emocional con la postura básica "el que paga manda", "yo tomo la última decisión", "no sólo tu producto debe convencerme, tú debes estar a la altura de mi compra o simplemente le comprare a otro".

Y no es poco frecuente, puedes haber hecho todo el trabajo, demostrar, muestrear, cotizar, todo parece ir "viento en popa", la decisión final se posterga un poco, luego un poco más, la llamada de seguimiento se convierte en perseguimiento, y pasan algunas semanas hasta que descubres o te enteras de que tu prospecto ya compró el producto a tu competidor.

¿Qué paso?, ¿por qué si todo iba bien el desenlace fue tan contrario?

Seguramente ejerciste demasiado poder de venta, lo que consciente o inconscientemente incomodó al prospecto, ya que amenazó su sentimiento de grandeza y poderío, trataste de venderle cuando él realmente necesitaba que le ayudarás a comprar.

Será cuando él quiera, como él quiera y en las condiciones que lo hagan sentir cómodo.

Recapitulando:

1. Nos encanta comprar, pero odiamos que nos vendan.
2. Las técnicas y estrategias que ejerce quien vende representan "el poder de venta".
3. Hemos sido entrenados bajo la premisa de que el poder de venta se aplica para hacer que el cliente acepte.
4. El comprador ha madurado y se ha vuelto exigente.
5. El comprador se sabe con ventaja, ya que tiene la última palabra.
6. El poder de compra será utilizado por encima del producto, de la necesidad o del deseo de comprar.
7. No sólo el producto o servicio debe convencer, al final el comprador también elige a quién comprarle y a quién no.
8. Ningún comprador quiere que le vendas, necesita que le ayudes a ejercer su poder de compra.

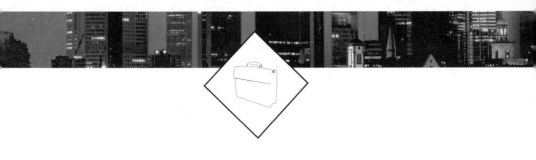

La intención de compra
y los mirones

Antes de profundizar en el proceso a través del cual compramos, quiero establecer una premisa fundamental:

> El cliente tiene una intención de compra.

Veremos más adelante que el prospecto no compra un producto, sino lo que él cree que el producto o servicio puede hacer por él. En este sistema de creencias se originan un montón de necesidades inconscientes, muchas de las cuales tienen que ver con el hemisferio emocional del comprador; Freud diría (y diría bien): "Ningún ser humano ejecuta conducta alguna que no esté claramente motivada". La cuestión es que muchas de las necesidades que motivan a un sujeto a comprar son desconocidas por él mismo, nacen y se justifican desde su mente inconsciente.

La sentencia sería más clara de esta manera:

> **El cliente tiene una intención de compra...**
> **aunque él mismo no lo sepa.**

En la formación de grupos de vendedores de autos (aunque aplica a cualquier giro) comúnmente inicio la primera sesión con esta frase: "Todo aquel que visita tu piso de ventas tiene una clara intención de comprar". Y es que no es difícil escuchar entre vendedores los siguientes comentarios:

"Tengo mala suerte, me tocó guardia el miércoles, los miércoles nunca 'caen' clientes, sólo mirones."

"Qué suerte tienes, de cinco clientes que entraron al piso a ti te tocaron tres compradores y a mí dos mirones."

La suerte no tiene mucho que ver, la realidad es que un vendedor supo qué hacer para lograr la venta y el otro no. Me atrevo a aseverar que si esos tres compradores hubieran sido atendidos por el otro vendedor, se hubieran convertido en tres mirones. Cualquier ser humano que visita el piso de ventas de una agencia de autos tiene una intención, consciente o inconsciente, de comprar un coche.

Piénsalo: un ser humano va conduciendo su auto por la calle, ¿qué tan grande tendría que ser su ocio para percibir que en la esquina hay una agencia de autos?, ¿para que le dé tiempo de pensar "tengo muchas ganas de ver un coche?, ¿para reaccionar antes de que el tráfico lo empiece a presionar para que avance y, entonces, tomar la decisión, ya que no tiene absolutamente nada que hacer, de estacionar su auto, bajarse y entrar al piso de ventas "sólo a ver"? Por supuesto que las probabilidades son ínfimas, cuando una persona entra a una tienda tiene la intención de comprar.

A lo mejor no tiene idea de lo caro que puede ser el coche o el producto que le gusta, a lo mejor planea comprar en el futuro y hoy viene por un folleto del coche que le gusta para pegarlo en el refrigerador de su casa y verlo todos los días, motivarse a ahorrar y comprar en seis meses, pero comprar al fin, a lo mejor cree que le alcanza y se sorprende, o no sabe por qué, pero entra a una tienda con la intención de comprar. Dependerá del vendedor que lo atienda y del servicio que reciba que "se abra" o no el proceso de compra (del que hablaremos en el siguiente capítulo), pero no está ahí, frente a un vendedor, por ocio, por casualidad o por "mirón".

Por supuesto, los prejuicios del vendedor también convierten clientes potenciales en mirones, la historia del humilde sujeto que entra sucio y hasta mal oliente a una agencia, que es prejuzgado por el vendedor y que termina comprando seis camionetas de contado en la agencia de enfrente es más frecuente de lo que crees.

Lo mismo ocurre con un comprador de cualquier producto. Si tu negocio es un local establecido en una plaza comercial, sabrás que cada sábado cientos de personas pasan por enfrente de la vitrina y "miran", esos sí son mirones. Pero cuando alguno se atreve a entrar a la tienda, a preguntar un precio o simplemente a "ver" más de cerca tu producto, consciente o inconscientemente está reflejando su intención de comprar, él mismo no sabe por qué entró, pero algo en su hemisferio emocional literalmente lo empujo a entrar, que permanezca dentro dependerá de que inicie o no el proceso de compra.

Ni hablar de los vendedores que se presentan en la oficina o casa de sus clientes, los agentes de seguros, por ejemplo: cuando un prospecto te da una cita para escucharte te está gritando su intención de compra. Si vendes de puerta en puerta y un ama de casa te escucha más de un minuto reloj en mano, es síntoma de que tu oferta ha despertado en su consciente o en su inconsciente una necesidad insatisfecha, luego entonces te escucha tres minutos más, ahora ya con una intención de compra. En este momento no resulta importante siquiera que te esfuerces por conocer qué motiva a tu cliente, qué provoca esta intención de compra, repito, puede ser que él mismo no lo sepa con certeza.

En alguna ocasión discutía con mi esposa acaloradamente en medio de la sala, para ser franco, ya no recuerdo el motivo de nuestro enojo, alguien llamo a la puerta y mi mujer atendió. Para no hacer el cuento largo, cerca de quince minutos después entró con una dotación de bebidas lácteas para niños, ¿las necesitaba?, ¿eran urgentes?, ¿formaban parte de los hábitos de consumo cotidianos de nuestros hijos?, ¿realmente generaban un ahorro significativo en nuestra economía; vaya, estaban muy baratas? La respuesta a todas esas preguntas es NO.

Cabe mencionar que con toda seguridad esos fueron los argumentos que la vendedora puntualizó para "convencer" a mi esposa. La realidad es que ésta vio la oportunidad de distraerse unos minutos, inteligentemente me dejó sentado en el sillón de la sala el tiempo suficiente para que dejara de bufar como toro (¿o como buey?) y cuando regresó el clima acalorado de nuestra discusión ya se había disipado, por supuesto que seguimos discutiendo y resolvimos el problema, pero nuestra alteración ya había pasado.

Si le preguntaras a mi mujer si estuvo consciente de lo que hizo, la respuesta también sería NO, actuó por instinto, por percepción, vaya, por intuición femenina; jamás le dijo a la vendedora: "Deme dos docenas bote por bote para hacer tiempo en lo que a mi marido se le quita lo gorila", pero algo en su mente le dictó que podía aprovechar la interrupción con el buen pretexto de comprar.

Por supuesto, y es lo que pretendo puntualizar, la vendedora de lácteos no se enteró nunca de por qué le habían comprado, ella simplemente hizo su trabajo, el que su gerente y su capacitador le montaron: "Tocas a la puerta, te presentas, ganas la atención de la señora, señalas los beneficios del producto y tu oferta o promoción, le haces ver que 'las necesita', que 'deben formar parte de los hábitos de consumo cotidianos de sus hijos' y que 'generan un ahorro significativo en su economía, vaya, que están muy baratas.'"

Dudo que en la estrategia de capacitación de esa empresa saquen a los vendedores diciéndoles: "Toquen aquellas puertas en las que imaginen que un matrimonio está pelando, interrumpan la pelea y entretengan a la esposa usando como pretexto la venta de bebidas lácteas para niños, esperen quince minutos y cerciórense, antes de cobrar y retirarse, de que al marido ya se le bajó lo gorila, así serán campeonas de ventas de nuestra compañía".

Reitero: el prospecto frente a ti tiene una clara intención de compra, en este momento no resulta importante siquiera que te esfuerces por conocer qué lo motiva, qué provoca esta intención, puede ser que él mismo no lo sepa con certeza, lo importante es que conceptualices claramente que no la suerte, sino la sensibilidad, la habilidad y el profesionalismo son lo que hace que el prospecto se convierta en cliente o en mirón.

Recapitulando:

1. No importa lo que vendes ni dónde lo vendes, cualquier persona que dispone unos minutos de su tiempo tiene intención de comprar tu producto.
2. Puede ser que su intención sea comprar en el futuro, pero comprará al fin.
3. Es más frecuente que el mismo cliente no esté consciente de por qué está ahí, pero tiene intención de compra.
4. La suerte es un factor que interviene muy poco en "que te toquen clientes o mirones".

5. Los prejuicios (de cualquier tipo) del vendedor convierten en mirones a cientos de clientes potenciales cada día, clientes que comprarán enfrente.

6. Realmente en los primeros momentos de la relación no resulta importante investigar qué motiva la intención de compra, las más de las veces el mismo cliente no lo sabe.

7. Tu objetivo es iniciar el proceso de compra sin prejuicios, con la sensibilidad, la actitud y el profesionalismo necesarios.

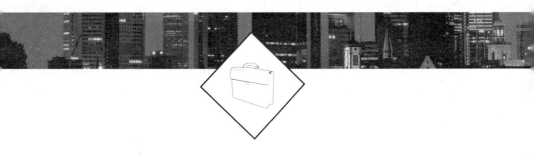

El proceso de comprar

Prácticamente cualquier persona al comprar obedece un patrón conductual sistemático, en un proceso donde la relación humana y los estímulos emocionales rigen por encima de las condiciones comerciales. Sea que hablemos de un doctor que decide recetar el medicamento que le estás promocionando, de un comprador corporativo de alguna gran cadena abarrotera o de una persona física cuando compra una blusa, todos se saben (nos sabemos) dueños de la situación, y ejerceremos nuestro poder de compra en forma casi sistemática, al menos, claro, cuando tenemos tiempo para hacerlo.

Si la compra de determinado insumo es urgente, si de ella depende cualquier proyecto prioritario, el comprador simplemente aceptará el trato y las condiciones que le presenten sin generar dificultad alguna, casi nos rogará que le vendamos (oferta y demanda), pero en la mayoría de los casos el comprador tiene todo el tiempo necesario para ejercer su poder.

Si soy el gerente de compras de un restaurante y por algún motivo se terminaron los jitomates no me importarán el precio, las condiciones ni lo bien o lo mal que me trate el vendedor, mis motivos emocionales están por encima de la compra de ese momento, necesito urgentemente la mercancía para que opere mi negocio, vaya, aunque compre mal y caro; perdería mucho más (tanto en lo económico como en lo personal) si no tengo mercancía para abrir el restaurante, y estaré dispuesto a pagar cualquier precio (por encima del dinero) a cambio de una buena dotación de producto. Lo mismo si se descompone mi computadora y al día siguiente la necesito para hacer una presentación, no me importará contratar al más caro, incluso al déspota, ya que mis intereses emocionales están más lejos que la compra del momento.

No obstante, el comprador redactará una especie de nota de crédito emocional: "Te compraré al precio y en las condiciones que tú me impones aunque pulverices mi poder de compra en esta ocasión, pero dejaré un saldo pendiente para futuras adquisiciones, ya te haré pagar el precio por venderme en la siguiente ocasión en la que yo quiera comprar".

Algunos compradores corporativos de hecho tienen su propia y privada lista negra, en la que detectan a los proveedores que pueden considerar en caso de emergencia, aun cuando no les guste comprarles, y sólo los utilizan en esos casos, pero difícilmente los vuelven a contratar o los incluyen en las opciones cotidianas, sobre todo si se sintieron acorralados por la situación y si los vendedores abusaron de la misma, siempre, tarde o temprano, "pagarán el precio de su osadía".

Pensarán que las condiciones descritas aplican nada más en las macroeconomías, estoy seguro de demostrar lo contrario: Doña Periquita, esa gentil y amable ama de casa con poca o nula conciencia de fenómenos globo económicos no es ajena al ritmo del mercado, ella se ha convertido en una experta compradora que ejerce su poder de elección y cuida su más preciada mercancía (preciada de precio)… el dinero. Evitará las compras "urgentes" pero, lo mismo que el comprador corporativo, cuando se vea en necesidad de "salir del paso" sabrá identificar si el vendedor o establecimiento se aprovechó de su situación, y establecerá hábitos de consumo en los que incluirá o descartará esas opciones.

Más allá de las compras urgentes (que son las menos para cualquier persona), cada vez que ejercemos nuestro poder y postura de compra lo hacemos bajo un mismo patrón. Revisemos un caso y tratemos de relacionarlo y compararlo con nuestra forma de comportarnos cuando compramos algo; te darás cuenta, conforme avances en la lectura del ejemplo, de que casi puedes adivinar lo que está escrito en los párrafos siguientes, vaya, tú mismo podrías haber escrito el ejemplo, o protagonizarlo. Cuando compramos… ¡somos tan predecibles!:

Margarita y Esperanza habían quedado en verse con unas amigas para tomar un café en la plaza comercial. Por azares del destino llegaron a la cita 35 minutos antes, y por si fuera poco el celular de una de ellas les avisó mediante un mensaje que las amigas llegaría entre 30 y 45 minutos tarde, de tal suerte que contaban con poco más de una hora de tiempo ocioso antes de la cita.

"Bueno, amiga, ya que estamos en la plaza y que no tenemos más que hacer, qué te parece si "pajareamos" por los aparadores.

Así lo hicieron. En pocos minutos habían recorrido varios locales comerciales imaginando cómo esos artículos podrían, o no, empatar con su estilo de vida.

De repente, y quién sabe cómo, Margarita ya se encontraba dentro de una boutique escogiendo blusas (nadie dijo que tenía intenciones de comprarlas, de hecho, ella iba solamente a tomar un café con sus amigas, pero como revisamos en el capítulo anterior, una razón inconsciente la empujó a la tienda de ropa y no a la de zapatos o a cualquiera de las otras opciones de la plaza).

Menos de dos minutos después de que Margarita tuviera la primer blusa en sus manos se presentó, como enviada por *e-mail*, una señorita muy amable que con un tono también muy amable le preguntó: "¿Le puedo servir en algo?", a lo que inmediatamente y casi sin pensar Margarita contestó, ni siquiera viendo a la vendedora: "No, gracias, sólo estoy viendo".

Pausa:

El cliente está primero encontrando intenciones emocionales respecto a la mercancía, imaginando cómo ésta empata o no en su estilo de vida, jugando con la idea no de comprar, sino de coincidir lo que ve con su mundo.

Cuando la vendedora aparece, lo primero que hace es ejercer (amenazadoramente) poder de venta: "¿Le puedo servir en algo?". De inmediato el cliente establece su protocolo desde el poder de compra: "No, gracias, sólo estoy viendo", podría haberle dicho: "No me molestes, si quiero comprar será cuando yo diga, yo tengo el poder, ya te avisaré".

Si la vendedora en ese momento no le da espacio a Margarita y la deja en paz, habrá interrumpido el hilo de pensamiento del cliente, pues su sola presencia, aun en silencio, intoxica la posibilidad de creación emocional en el cliente; si permanece incluso cerca Margarita dejará la blusa en el anaquel y se irá a "mirar" a otra tienda.

Pensemos que no fue el caso, que la vendedora contestó: "Estoy a sus órdenes", y gentil y discretamente dio media vuelta permitiendo espacio a Margarita. Regresemos:

Toma una prenda, la coloca sobre su torso, busca otra, encuentra un espejo, la deja por ahí y de pronto su imagen mental coincide a la perfección con una blusa específica. Se emociona en silencio, saborea las posibilidades, las compara con el importe en la etiqueta… coinciden, sabe que no tiene presupuestada la compra, pero que tampoco generará un desfalco demasiado importante en su economía, ¡y está tan linda!, ¡se le vería tan bien!... "Señorita".

Pausa:

En ese justo momento el cliente ha iniciado el proceso emocional de la compra, ya escaneó el producto con su estándar de vida, ya imagino en qué cena o para qué ocasión podría darle uso a la blusa, ya generó un "romance" con el producto y está lista para ejercer su poder de compra. En ese instante, y junto con ese "Señorita", supone que de la maceta más cercana aparezca la vendedora dispuesta a ayudarle a comprar; no le importa que no fuera la misma amable joven que minutos antes se presentó; a Margarita le daría igual que el vendedor del departamento de junto, especialista en electrodomésticos, el gerente o cualquier otra persona la atienda, lo que quiere es ser atendida, y con claro sentido de urgencia e importancia si no recibe esta respuesta replanteará la posibilidad de comprar ahí, pero la blusa ya quedo "fotografiada" como en el escáner pues coincide con su estilo de vida. Pensemos que la vendedora apareció con la actitud adecuada. Regresemos:

—Dígame, señorita, estoy a sus órdenes.

—¿Sería tan amable de mostrarme esta blusa en mi talla, en rojo, en azul y en verde?

—Con todo gusto, permítame un momento.

La vendedora calcula la talla de Margarita y rápidamente se dirige al anaquel adecuado, o mejor aún, se hace acompañar por la clienta:

—Sígame por este lado, si es tan amable.

Al llegar al anaquel, la vendedora separa los colores solicitados, en tono alegre y entusiasta dice en voz alta y en el mismo orden en que le fue solicitado: "Roja, azul, verde, y mire, tengo esta violeta que a usted le quedaría lindísima" (coloca la violeta hasta arriba, ejerciendo técnicas de poder de venta).

Margarita recibe las cuatro piezas, y casi molesta pasa la violeta hasta abajo (poder de compra), no sin antes echarle un rápido vistazo.

¿Qué sigue en el proceso?, estoy seguro de que podrías adivinarlo. ¡Exacto!, Margarita pregunta dónde está el probador y la gentil vendedora se ofrece a llevarla hasta la puerta, si quiere lograr la venta no debe prestar su atención absolutamente a nadie más que a Margarita.

"A ver la roja", dice Margarita para sí misma frente al espejo, y revisa la textura, la caída y qué tanto disimula o hace resaltar la cintura. "Mmmh, ¡está linda!" (no la blusa sino la imagen del espejo, pero es muy modesta para afirmar para sí "me veo linda"). Una vez con claridad sobre su aspecto, ¿qué hará Margarita? ¡Claro!, saldrá del probador en busca de Esperanza.

—¿Cómo se me ve, "manita"?
—¡Padrísima!, combina con tu falda oscura.
—Sí, ¿verdad?

Este dialogo se repetirá prenda por prenda, vez por vez, Margarita entrará al probador, hablará con la del espejo, llegará a un primer acuerdo y saldrá a buscar el visto bueno de alguna persona de confianza; incluso si no fuera acompañada pediría la opinión de alguna otra cliente o de quien sea menos, por supuesto, de la vendedora, ya que sabe que la de ella estará contaminada por la intención de vender, no es confiable, difícilmente le diría que se le ve mal aunque, por supuesto, si lo hiciera sería una señal inequívoca de que ahora sí dejó de ser vendedora para convertirse en ayudante de compras. Por el momento pensemos que es Esperanza quien le sirve de aval moral a Margarita.

Entre cambio y cambio, Margarita irá solicitando prendas y accesorios a la vendedora, quien, con toda su experiencia, siempre traerá puntualmente lo que se le pide y alguna sugerencia personal, mostrando más interés en la cliente que en la comisión. Cuando llegamos a la blusa violeta frente al espejo, Margarita exclama:

—¡Qué barbaridad, se me ve preciosa!

Punto a favor de la vendedora, quien hizo una recomendación acertada, aun cuando Margarita no lo acepte abiertamente, acaba de ganar confianza en su mente, sale del probador y se pavonea frente a Esperanza:

—¿Qué?

—Pues a mí no me gusta del todo, como que no es tu estilo.

—No, ¿verdad? Ya decía yo que no me venía tan bien.

¿Qué paso?, ¡segundos antes en la intimidad del espejo le había encantado!, bastó un poco de respuesta en contra para renunciar a su propia percepción.

Regresa al probador y continúa con el ritual. Más adelante, ya enfilada a cerrar el proceso, Margarita seleccionará qué prendas se llevará y a cuáles renunciará. Sabe de antemano que cualquiera de las que compre estará en su guardarropa mínimo dieciséis meses, por lo que tiene que tomar la decisión con cuidado, las consecuencias positivas o negativas de su compra la acompañarán por mucho tiempo.

—La roja sí, la verde no, la azul y el cinturón.

De pronto la violeta aparece entre el montón de prendas con cara de "¿Seguro renunciarás a mí?, ¿me recuerdas frente al espejo?"; por supuesto, al mismo tiempo y como diablito en el hombro derecho aparece imaginariamente el rostro de Esperanza repitiendo "como que no es tu estilo". Sin tomar aún ninguna decisión sobre la violeta, le entrega a la vendedora el montón de prendas que están "autorizadas", deja en el probador aquellas a las que definitivamente ha decidido renunciar, y como todavía no sabe qué hacer con la violeta se la entrega desdoblada a la vendedora en un acto inconsciente de búsqueda de apoyo.

Al llegar a la caja, si la vendedora captó la intención emocional de Margarita le dirá, "Muy bien, todas su prendas listas; por cierto en la compra de tres le puedo ofrecer la cuarta a mitad de precio, y la violeta le sentaba linda, ¿se la incluyo?". En una respuesta rapidísima, como si Margarita no quisiera que Esperanza o el diablito del hombro derecho se enteraran, afirma: "Sí, por favor, gracias", y apronta a la cajera a que la mezcle en el montón completo. Inmediatamente el angelito del hombro izquierdo hace su trabajo: "Estaba linda, y con 50% de descuento, bien vale la pena".

Pausa:

Una vez que el cliente está listo para ejercer su poder de compra, el vendedor debe mostrarse interesado, primero en atender el más mínimo de los requerimientos del cliente, ganando su confianza de a poco, detectando su intención emocional. Recordemos que el cliente no compra un producto sino lo que cree que éste puede hacer por él.

Cuando el vendedor ha captado esta necesidad se convierte más en un ayudante de compras, en ese momento ha recibido "autorización" para ejercer sus técnicas de venta y demostrar su conocimiento y experiencia, después de todo el vendedor es, o debe, ser el experto en el producto, y está ahí para ayudarle a comprar al cliente.

En forma paralela, éste buscará la aprobación de un tercero que confirme y valide su decisión de compra, y esto sucede por razones importantes: la compra en cuestión estará presente en la vida del cliente por mucho tiempo, por lo que sus consecuencias positivas o negativas prevalecerán. Como la historia emocional del cliente tiene registradas muchas "malas compras", necesita reforzar su voluntad con la opinión de un tercero.

El juicio de este tercero, al que llamo "aval moral", no siempre es categórico cuando no coincide con la percepción del cliente, de cualquier forma, el vendedor deberá convencer tanto al cliente como al aval moral si pretende cerrar el trato e irse convirtiendo, lo más rápido posible, en una segunda opinión calificada al mostrar más interés en la necesidad emocional del cliente que en sus comisiones. Regresemos:

La venta se cierra, la cuenta se paga, pero el proceso aún no concluye, el cliente aún puede cancelar la operación, hacer alguna devolución o inconformarse.

Después de llegar diecinueve minutos tarde a la cita con las amigas, platicar de mil cosas en el café y regresar a su casa, Margarita saca de la bolsa prenda por prenda sus compras y las comparte (por no decir que las presume) con su mamá, hermana o hija, dependiendo de con quien viva.

Y nuevamente iniciará el ritual de aprobación, una a una las prendas serán sometidas a la opinión de un tercero. Bastará una imperceptible mueca de desaprobación sobre la blusa violeta para que ésta sea devuelta la semana siguiente, o peor, como fue mercancía con descuento Margarita sabe que no podrá devolverla, y será confinada a lo más profundo del armario para ser utilizada con suerte una sola vez o nunca.

Todos, estimado lector, todos, y te reto a ser la excepción, tenemos en el armario alguna prenda que o nunca hemos usado o que utilizamos una sola vez. Incluso cada año, cuando nos paramos frente al ropero dispuestos a renovar las prendas viejas con la intención de tirar, regalar o vender aquello que ya no utilizamos, mientras vamos sacando nuestras prendas viejas nos encontramos con esa "blusa violeta" que, según nuestra primera intención ya está lista para desocupar su espacio en el armario. Decididamente la aventamos a la cama junto con todas las demás, no pasan más de cuarenta segundos cuando exclamamos, a veces incluso en voz alta: "¡Pero si está nueva!", y volvemos a colocarla en su sitio en el armario, donde permanecerá, perfectamente bien doblada, al menos hasta el próximo año, cuando volvamos a hacer limpieza.

Y es que el momento mismo en que saquemos esa prenda del ropero y nos deshagamos de ella es el instante en que asumimos "pagar la cuenta emocional" de haber hecho una mala compra, inconscientemente aceptamos la pérdida junto con el sermón del diablito del hombro derecho (o de nuestra pareja o del aval moral que nos había recomendado no hacerla y criticado por hacer caso omiso de su recomendación). Es un poco como en la bolsa de valores: tus acciones pueden subir o bajar de precio, aun cuando bajen tú no pierdes hasta que te retiras, si le das tiempo al mercado terminarán por volver a subir, cuando las vendes cierras toda posibilidad de nivelación y asumes la pérdida. Del mismo modo, consciente o inconscientemente, al desprenderte de la blusa violeta (nueva) asumes que tu compra no fue inteligente y enfrentas la necesidad de pagar el precio emocional.

Recapitulemos:

1. Por lo regular el cliente no tiene una decisión consciente de que va a comprar algo.
2. El cliente primero juega con la posibilidad emocional de empatar el producto o servicio con su realidad.
3. Al primer intento de poder de venta, responderá con un categórico "Cuando yo esté listo".
4. Al primer síntoma de poder de compra el vendedor debe atender en exclusiva y con actitud adecuada al cliente.
5. Esta señal de "atiéndeme" es, ahora sí, la autorización para que el vendedor ejerza su poder de venta, genere ideas, ofrezca opciones y se presente como experto en el producto, pero desde el punto de vista del cliente.
6. Durante el proceso, el cliente descalificará la opinión del vendedor, a quien sabe no le puede confiar del todo sus emociones; ya que tiene un interés auténtico en la venta, buscará a un aval moral sobre quien descansar parte de la responsabilidad de la compra.

7. Este aval moral puede incluso "no autorizar" la compra, por lo que su opinión, para el vendedor, es tan importante como la del cliente.

8. No obstante, es sólo el cliente quien ejercerá poder de compra, por lo que podrá optar por cerrar el trato incluso sin el aval moral o contraviniendo su opinión.

9. Cuando el vendedor ha demostrado fehacientemente que está del lado del cliente, que le interesan más sus intereses que los propios, éste se dejará consentir y aumentará el pedido conforme el vendedor incremente esa voluntad de ayudarle a comprar.

10. Después de cerrar el trato el proceso de compra continúa, el cliente necesitará un reforzamiento externo en cuanto a lo inteligente de su compra, sobre todo ante los embates y críticas de su entorno, como revisamos en "La historia emocional del comprador".

11. Si el cliente efectuó una mala compra, las consecuencias negativas prevalecerán más tiempo que las positivas originadas por una buena compra, tarde o temprano deberá pagar "la cuenta emocional" de su decisión.

12. Todo lo anterior es considerado por el comprador en fracciones de segundo antes de ejercer su poder de compra.

13. La función del vendedor será, fuera de toda sombra de duda, mostrar empatía y auténtico interés en todo este proceso, independientemente del producto o servicio y de las técnicas de venta, y renunciando a su poder de venta para sumar su energía a fortalecer el poder de compra del cliente.

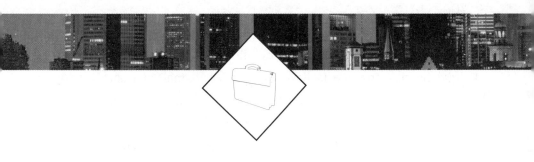

La decisión de compra *vs* la acción de compra

¿En qué momento entonces debo aplicar todas las técnicas que he aprendido en los cursos?, ¿cómo puedo ejercer mi poder de venta eficientemente sin deteriorar el poder de compra de mi cliente?, ¿cómo relaciono lo que he aprendido durante años, que ya es un paradigma en mi trabajo diario, con los conceptos que ahora leo?

Bien, vayamos con calma: todo lo que tú has aprendido en seminarios, discos, libros o pláticas es acertado. Todas esas técnicas funcionan y muy bien, pero son sólo herramientas. Un serrucho no puede cortar la madera solo, el resultado se debe al correcto uso que de él haga el carpintero.

Cualquier herramienta, la que te venga en mente, es eficaz cuando se usa para lo que fue diseñada en el momento justo en que debe ser utilizada. Pensemos en cambiar un neumático, hay distintas herramientas necesarias, como llave de tuercas, palanca y gato, claro que a falta de alguna podemos improvisar (como un vendedor empírico que sólo vende cuando su carisma está despierto), pero las herramientas específicamente diseñadas para cambiar un neumático funcionan a la perfección, pero en el momento adecuado; si pretendemos usar el gato y levantar el coche antes de aflojar las tuercas, lo más seguro es que percibamos que la llave está haciendo mal su trabajo, primero aflojamos, después levantamos, luego cambiamos la llanta, antes de bajar el vehículo ajustamos un poco las tuercas y, finalmente, después de bajarlo del gato apretamos lo mejor posible, si pretendemos apretar con la llanta aún levantada moveremos todo el neumático sin que las tuercas logren realmente ajustarse.

El enfoque, el momento oportuno para usar cada herramienta de ventas, lo vislumbramos cuando analizamos a fondo el proceso de la compra, básicamente, al inicio de cualquier operación de compra-venta (y digo compra-venta porque es lo correcto, nunca haremos o veremos el proceso de venta-compra), pues claramente el proceso se destapa a partir del comprador, quien realmente activa los protocolos.

Al inicio la tensión entre vendedor y comprador es elevada, ambos saben que cada cual deberá mostrar lo mejor de su lado para convencer al otro y salir airoso de la negociación, el vendedor estará ocupado en interesar al comprador y éste en no mostrar demasiada vulnerabilidad. A partir de que se establece un mínimo interés por parte del comprador el proceso se destapa. No quiero que te confundas en este concepto, no escribí a partir de que el comprador muestra una *intención* de comprar, sino un *interés*.

Si eres representante farmacéutico, por ejemplo, me refiero al momento mismo en que un médico te recibe, aun cuando pueda mostrarte mala actitud, está manifestando interés en el proceso, si no simplemente no te recibiría. Lo mismo pasa cuando un prospecto por fin te permite una conferencia telefónica, agenda una cita o se presenta en el piso de ventas, el solo hecho de entrar a tu tienda es una manifestación de interés. Si piensas que el cliente, efectivamente entró "sólo a mirar" en tu tienda, pregúntate por qué si en la plaza comercial hay trescientos locales que venden cosas diferentes, entró sólo a ver al tuyo y no a cualquier otro. Ahí hay un interés.

Pues bien, y repitiendo, en el momento mismo en que se muestra un interés inicia el proceso, la tensión se eleva y cada cual empieza a hacer lo que le toca.

El vendedor está entrenado para generar acciones, todas las técnicas que ha aprendido están enfocadas a que el cliente compre, es decir, efectué una acción concreta, sea sacar su tarjeta de crédito, firmar la solicitud o pagar en efectivo, la idea es que actúe, "sólo las acciones generan comisiones", diría un buen gerente de ventas" "no cobras por las promesas de compra, sino por las solicitudes firmadas", diría cualquier otro. Muchas técnicas, como describo en capítulos anteriores, buscan que el comprador actúe incluso casi sin darse cuenta, casi sin estar consciente de que le estás vendiendo.

Lo que pasamos por alto es que en un mercado regido por compradores que han evolucionado, la conciencia de compra tiene un papel preponderante, antes ignorado. Hoy no sólo tenemos que evitar que el comprador actúe (y cierre) sin conciencia, sino constatar que esté claramente consciente antes de comprar.

Digamos que el proceso lleva dos velocidades diferentes: mientras el vendedor está tratando de llevar al cliente a **la acción de compra**, éste no se moverá mientras no tome en su cabeza y fuera de toda duda la **decisión de comprar**. Aquí es donde la mayoría de las técnicas de venta resultan incluso contraproducentes, queremos apretar las tuercas con la llanta aún en el aire, pero mientras más nos esforzamos más gira la llanta, más se mueve, cuando lo que realmente deseamos es que se quede quieta… y apretar.

Aprendamos casi como mandamiento la siguiente premisa:

> Un comprador actual no ejecutará acción de compra hasta que no esté completamente convencido de que es la decisión correcta.

Luego entonces, deberás usar todas tus técnicas y procedimientos tal como te fueron enseñados, pero para el objetivo correcto: ayudarle a decidir, dejarlo disfrutar solo la acción de comprar.

Piensa cuántas veces has visto a vendedores novatos, o incluso te has sorprendido a ti, mismo sobrevendiendo alguna característica del producto o servicio. Tratamos de contrarrestar una objeción en la mente del cliente con un atributo del producto:

—Tu teléfono me encanta, pero no creo poder comprometerme a una renta mensual tan alta.

—Pero, señor Gómez, ¿ya se dio cuenta de que esta nueva tecnología le permitirá estar comunicado incluso en la sierra?, ¿verdad que para usted es importante estar 100% comunicado en todo momento?

¿Te resulta familiar? El cliente YA compró el producto, no necesita que se lo sigas vendiendo, en su proceso mental está analizando todas las consecuencias futuras de su compra, y tiene dudas respecto a poder o no enfrentar un pago mensual *tan* alto. Lo que realmente necesita saber es si hay algún otro plan, con más o menos minutos y con determinadas características, que le permita tener el mismo teléfono, pero poderlo pagar.

Es el vendedor, el que, se supone, es experto en el conocimiento del producto que vende, quien realmente sabe qué es conveniente y qué no lo es para cada específico caso, él debería entonces estar alerta y entender que el cliente requiere mayor información para tomar la decisión de compra, sin que esta decisión firme la acción nunca llegará, y cada cliente tiene miles de necesidades de información y diferentes tiempos de procesamiento de la misma.

Cuando el vendedor no está a la altura de estas respuestas, el cliente, que está realmente interesado en comprar (incluso tanto o más que el vendedor lo está en vender), requiere entender claramente sus opciones, si no recibe la información que necesita "entretendrá" al vendedor con una objeción falsa mientras él sigue en su proceso mental.

He aquí la fuente de miles de objeciones: el vendedor da por hecho que si no fuerza al cliente a tomar acciones éste se irá, y tiene razón en parte, pero la forma de ayudarle a actuar es fortalecer su decisión (bajar la llanta), no ahorcar y presionar con la llave de tuercas; esta conducta de presión funciona a las maravillas cuando el mercado está regido por vendedores, no cuando lo está, como ahora, por compradores.

Cuando escasea la leche, el vendedor puede presionar respecto a en qué momento desea recibir la acción de compra, incluso en qué condiciones: "Sólo te vendo leche si me compras pan, y si realmente te interesa deberás darme un anticipo en este preciso momento, de lo contrario llevaré mi leche al siguiente postor". No le da tiempo al comprador a decidir nada, ni resulta importante si él desea analizar o no la situación, quiere leche, está escasa y debe comprarla ya.

Pero, como hemos repetido, el comprador rige el mercado actual, por lo que, nos guste o no, deberemos aprender a caminar de su lado y a su ritmo, haciéndole ver las posibles piedras del camino, incluso si alguna de ellas perjudica nuestra comisión; lo que realmente queremos es una relación sólida, establecer un negocio, no sólo cerrar una venta. Si no logramos avanzar a la velocidad del comprador, simplemente nos dejará y buscará otra oferta… ¡el mercado está repleto de opciones y él lo sabe!

Lo primordial, pues, es que actualices tu paradigma respecto a qué debes lograr en tu cliente, con las mismas herramientas y técnicas que has aprendido. No te enfoques en la acción de compra, déjale ese exquisito banquete emocional al comprador, céntrate en ayudarle a tomar la decisión de compra, ya sea dándole toda la información necesaria, ayudándole a diseñar el plan correcto y la forma de pago, casi adivinando sus necesidades emocionales y anticipando las posibles consecuencias a las que se enfrentará una vez que llegue a la acción de compra. La única forma de lograr esto es poniendo tu actitud "del lado del cliente".

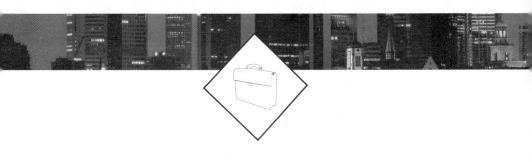

Su gerente de compras...
para servirle

Te invito a un breve ejercicio mental, ¿juegas conmigo?

Imagina que acabas de recibir la noticia de que fuiste dado de baja en la empresa para la cual vendes. Estás completamente desempleado y por más que buscas un puesto en alguna compañía que maneje servicios o productos similares a los que te dedicaste durante veinte años, no encuentras plaza alguna.

Durante tantos años has acumulado experiencia, conocimiento, pocos como tú tienen un dominio tan pleno del producto, de las condiciones del mercado, pero igual, no logras encontrar un puesto en ventas por ningún lado.

Ya desesperado, crees que no tienes opciones y deberás volver a empezar y cambiar de giro para intentar salvar tu experiencia como vendedor a favor de otro producto, aun cuando sea por completo desconocido para ti. Después de todo, los instructores en tu carrera se han cansado de repetirte que los principios y las técnicas de venta funcionan igual para vender cualquier cosa, premisa que, efectivamente... es cierta.

Justo antes de comprar el periódico para ampliar tus horizontes, recibes la llamada de uno de tus principales clientes, tiene una oferta para ti:

—Hola, te hablo porque necesito contratar a una persona que se encargue de la gerencia de compras, específicamente en la división de los productos que tú me has vendido mucho tiempo. ¿Tendrás por casualidad a alguien a quien recomendarme?

Después de un par de citas y de entender que la propuesta es jugosa, te sorprendes a ti mismo ocupando el escritorio como gerente de compras de los productos que vendiste durante años. No hay, por supuesto, vendedor alguno que te supere en conocimiento de los productos que debes comprar ni de las técnicas necesarias para venderlos, vaya, eres un lobo de más de veinte años, difícilmente habrá una técnica que no funcione contigo.

¿Qué parámetros tomarías para atender a cualquier vendedor?, ¿qué buscarías en un proveedor si tu salario dependiera de comprar en forma eficiente, inteligente y rentable los productos que tantos años representaste? ¿Aceptarías que te vendieran el producto que mayor comisión deja a los vendedores, o exigirías el que tiene una más modesta, pero se acopla perfectamente a tus necesidades? ¿Realmente te dejarías envolver por algún ardid manipulatorio, o sentirías incluso repulsión por el vendedor que intentara "jugar" contigo?

Pues bien, te tengo noticias, el ejercicio mental dista mucho de ser una alegoría fantasiosa. Tú realmente no eres un vendedor de tu empresa, auténticamente debes funcionar como el gerente de compras de tus clientes, ponderando sus intereses por encima de los tuyos, incluso por encima de los de tu empresa.

Puede resultarte demasiado antagónica mi anterior aseveración y tal vez te preguntes: "¿Pretendes que le venda el producto "A" si es el que realmente necesita, aunque el producto "B" igual solucione su problema y genere más utilidades para mí y para mi compañía?

SÍ. Más allá del aspecto ético que nos llevaría a enfrascarnos en discusiones estériles, SÍ. Debes recomendar a tu cliente lo que mejor y en mejores condiciones satisfaga sus necesidades, ponderando sus intereses sobre los tuyos. Y es que si no lo haces tú lo hará tu competidor, tarde o temprano tu cliente se enterará de que durante años estuvo comprando soluciones más caras de las que podría haber comprado, menos eficientes, pero con mejores utilidades para ti. Tarde o temprano perderás un negocio a cambio de haber ganado varias ventas.

Y es que la condición del mercado actual, repito, ha cambiado, el éxito en ventas hoy es más una carrera de fondo que de velocidad. Las grandes fortunas, las grandes bolsas, premios, bonos y convenciones, se logran con la ayuda de muchos clientes fieles, satisfechos y bien asesorados. Ese pequeño porcentaje adicional que ganas recomendando el producto "caro" no justifica el valor global de la venta futura que puedes generar con ese cliente en una relación longeva. Si bien es cierto que te permite sobrevivir, y hasta a veces brillar económicamente, lo es también que a la larga tu principal activo es tu cartera, y que tu propio "fondo de jubilación" se alimenta de relaciones añejas.

Veámoslo desde otra arista: el dinero que cobras, lo que ingresa a tu bolsillo, no te lo paga la compañía para la cual vendes, tus comisiones surgen única y exclusivamente de las primas que tu cliente paga, luego entonces, tu verdadero jefe, con el que siempre debes "estar bien", es con él, no con el gerente de ventas.

En algunos casos incluso deberás "frenar" el impulso emocional de tu cliente de comprar cuando te des cuenta de que lo está haciendo sin conciencia, y recomendar, por lo menos a manera de salvaguarda, que lo piense mejor y no se deje llevar por sus impulsos. Si así no lo hicieras y permitieras que comprara bajo efectos hormonales, porque "se le calentó la cabeza" o visceralmente, cuando la euforia baje él mismo terminaría por reprocharte tu falta de asesoría. (Si eres gerente de ventas podrás estar frunciendo el ceño, pero después del exabrupto me darás la razón.)

Piensa por un segundo que estás viendo un programa de TV, de ésos en los que la gente se somete a grandes procedimientos quirúrgicos para mejorar su imagen. Te ha impresionado tanto el capítulo que has llegado a la conclusión de que te harás quitar todos los dientes para hacerte un implante estético de porcelanas.

Imagina ahora que tu dentista simplemente "te vende", sin advertirte que en tu caso estos implantes no son necesarios, que hay veintidós métodos alternativos que te permitirían lograr tu objetivo estético invirtiendo 80% menos dinero, menos tiempo y menos dolor. ¿Qué opinión te merecería tu dentista? Peor aún, imagina que sin haberte asesorado te saca todos los dientes, te instala los implantes y le pagas 3 500 dólares, pero cuando estás empezando a disfrutar tu nueva imagen, tu novia, quien por azares del destino es maestra de tu dentista, te hace ver todas las posibilidades que no sabías que tenías.

Lo que tú esperabas del implante, lo que querías comprar, era una sonrisa hermosa, lo único que conocías al respecto era lo que viste en la TV, confiaste en tu dentista y le solicitaste el trabajo. Pero él es un profesional con años de experiencia, tenía la obligación ética y comercial de hacerte ver tus opciones y no lo hizo, simplemente te vendió en lugar de ayudarte a comprar.

> Un cliente no compra un producto en sí,
> sino lo que cree que éste puede hacer por él.

Cuando te enteras, tu dentista no sólo pierde un paciente, sino que gana un vocero de mala publicidad que usara cualquier oportunidad para recomendar al mundo que visite a cualquier dentista menos a ése.

Por supuesto, si después de que te dio todas las opciones te explica alternativas en costo, tiempo y dolor, te aferrarás a someterte a lo que viste en la TV, el medico aún deberá replantearse el asunto y pensar si te atiende, y una vez más no por cuestiones meramente éticas, comerciales, al menos tiene ya el salvoconducto de que hizo lo que tenía que hacer sin aprovecharse de ti, pero las malas recomendaciones futuras igual llegarían, al paciente se le "olvidaría" pronto que el médico le recomendó otras opciones.

La carrera hoy es de fondo, de resistencia, no de velocidad.

¿Cuántas veces llegas a un restaurante y solicitas una mesa en la que te sirva determinado mesero?, ¿cuántas otras decides la agencia de autos en la que comprarás considerando en cuál está el vendedor que te ha atendido durante años? Y es que el asunto de encontrar buenos vendedores que realmente te ayuden a comprar, te entiendan y estén a la altura de tus necesidades como comprador es tan complicado como encontrar clientes que compren abundantemente tu producto.

Conozco infinidad de personas que cambiaron su residencia, y que cuando necesitan comprar algo en especial regresan en busca de su proveedor de años que dejaron a kilómetros de distancia en su ciudad de origen. Sin ir demasiado lejos, mi propia esposa viaja más de 170 kilómetros cuando requiere consultar a su ginecólogo, muchos de los autos de la compañía reciben mantenimiento en la ciudad vecina, y mis citas con el dentista deben ser programadas con semanas de anticipación a fin de hacerlas coincidir con mi viaje a la ciudad de origen.

Y no es que en mi nueva ciudad de residencia no haya ginecólogos, mecánicos, dentistas o asesores de seguros de excelencia, seguramente los hay, pero yo no sólo no los conozco, sino que he recibido un trato más que justo por parte de aquéllos durante literalmente años. Si es tan difícil encontrar proveedores de excelencia, ¿por qué arriesgarme a probar otros?; bueno, ¿cómo traicionar la confianza que mutuamente nos ha unido en una relación de años?

Esta condición, sin duda alguna, bien puede cobijarse bajo el concepto "hábitos de consumo", una vez que encontramos el producto o el proveedor adecuado, y mientras siga satisfaciendo nuestras necesidades, guardaremos celo y fidelidad como compradores.

Ponlo en práctica en tus próximas citas, aborda el proceso desde la óptica del comprador, hazte a la idea de que te acaba de contratar como su gerente de compras, y haz las recomendaciones, provee la información, diseña la estrategia y el plan de ventas desde esa postura, y luego disfruta los resultados. Apuesto uno a veinte a que lograrás resultados concretos más rápidos y con menores esfuerzos. Céntrate en la decisión de compra y deja al cliente disfrutar el elixir de la acción de compra.

Recapitulando:

1. Las técnicas de venta que he aprendido durante años funcionan, lo mismo que cualquier herramienta que se usa de la forma, en el momento y para el objetivo adecuados.

2. He aprendido a vender en mercados regidos por vendedores cuya función es aprontar la acción de compra.

3. Mientras el mercado en el que participo esté regido por compradores, deberé enfocarme y utilizar mis herramientas para motivar la decisión de compra, dejando al cliente disfrutar la acción.

4. Debo estar alerta en "leer" las necesidades emocionales de mi cliente, entender las consecuencias de su compra y ayudarle a entender cómo mi producto se acomoda a esa realidad futura.

5. Si fuera nombrado "gerente de compras" de mis clientes, seguramente usaría mi experiencia y conocimiento en forma diferente.

6. Realmente el que me paga es mi cliente, y las comisiones que cobro son, justamente, a cambio de ayudarle a tomar la decisión correcta.

7. Encontrar a un vendedor a la altura de mis necesidades como comprador es tan difícil o más que hallar clientes de calidad a quienes venderles.

8. Hoy la carrera de ventas es una prueba de fondo, no de velocidad, debo abordar cada nueva operación con una visión de largo plazo.

9. El cliente busca un resultado, no un producto. Lo que querías era una linda sonrisa, independientemente de cómo el profesional te lleve a ella.

10. Un cliente no compra un producto en sí, sino lo que cree que éste puede hacer por él.

11. Me enfoco en ayudar a mi cliente a tomar la decisión de compra; la acción, el cierre, se dará como un proceso natural, libre de presiones.

12. En ocasiones mi obligación será tratar de frenar la acción emocional de mi cliente, evitar que actúe al menos hasta que le dé todas las opciones posibles.

13. Es mejor perder una venta que una cuenta.

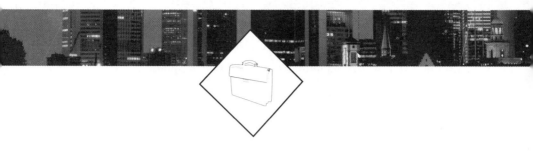

¿Por qué la gente no compra?

En mis seminarios presenciales de ventas siempre someto al grupo a la pregunta: "¿Por qué la gente no está comprando?"

Y es que a todos nos pasa: hacemos la tarea, investigamos al prospecto, presentamos el producto adecuado, establecemos *rapport*, creamos confianza, todo va de maravilla, detectamos señales de compra e intentamos el cierre. Comúnmente este intento se ve obstaculizado por alguna razón, hay argumentos u objeciones que no permiten que el cliente firme; la mayoría de las veces en lugar de diluir estas objeciones y cerrar, el cliente ejerce su poder de compra y acuerda con nosotros una nueva cita para cerrar el trato en el futuro.

Esta nueva cita se pospone una, dos tres veces, las llamadas telefónicas van de más a menos en cuanto a la intención de compra. Al principio las respuestas son: "Sigo muy interesado pero por favor háblame el próximo lunes", "Sí, debemos reunirnos, pero han surgido otras prioridades, dame un par de días más; la siguiente, después de tres recados telefónicos, "Mira ya lo consulté y lo vamos a dejar para después"; la siguiente (si es que el vendedor realmente tiene la persistencia necesaria). "Háblame a fin de mes", hasta que se va diluyendo el interés del vendedor mismo, y un lunes decide no reagendar esa llamada y la olvida.

Posiblemente meses después nos enteramos de que el cliente compró con la competencia, o nos volvemos a encontrar con el prospecto y casi nos reprocha que no le hayamos hablado, nos pide que lo hagamos el siguiente martes y vuelve el protocolo de recados y llamadas. La verdad es una: cuando el cliente esté listo comprará, más que presionarlo, debemos ayudarle a estar listo.

Pero permíteme compartir contigo la respuesta estadística de mis seminarios presenciales, una a una voy recogiendo las razones por las cuales los clientes no compran y las voy apuntando en el pizarrón, sea cual sea el producto, sin importar el tipo de venta o el nivel de los vendedores, en cualquier momento del proceso, sea desde el primer contacto o en la décima llamada de seguimiento, las que nunca fallan son las siguientes:

El cliente dice:

→ No tengo dinero.

→ Déjame pensarlo.

→ Lo voy a consultar.

→ No me interesa.

→ Está muy caro.

→ Háblame en dos semanas.

→ Tu producto no me sirve (aunque tú estás cierto de que sí soluciona su necesidad).

→ Déjame pensarlo… y yo te aviso.

→ Mi jefe no me autorizó.

→ Implicaría hacer un cambio en mis sistemas.

Te invito a escribir a continuación otras respuestas que has recibido, siempre y cuando no se parezcan o estén implícitamente incluidas en las que enumeré:

→

→

→

→

→

→

→

→

Bien, sin tratar de darte el éxito en dos párrafos ni de decirte cómo rebatir objeciones de ese tipo, permíteme hacer algunas reflexiones.

1. En prácticamente ninguna de las respuestas del cliente, hay una negativa rotunda a comprar: "No tengo dinero" (lo que implica que si lo tuviera lo compraría). "Está muy caro" (si fuera más económico lo compraría). "No lo autoriza mi jefe" (si lo autorizará lo compraría). "Déjame consultarlo" (y de acuerdo con esa opinión decidiré si lo compro), etcétera.

   Quiero destacar:

   Uno: los motivos para no comprar, al menos en cientos de seminarios, con miles de vendedores de decenas de productos o servicios completamente diferentes, SON LOS MISMOS.

   Dos: en 90% de las respuestas, el cliente no mostró una negativa rotunda, sino un puente, un evasor o un postergador.

   Tres: al prospecto le cuesta tanto trabajo decir simplemente "No", como el que tú crees que le cuesta decir "Sí", de hecho, muchas ventas son cerradas más por la dificultad del cliente de decirte que NO que por su aceptación y convencimiento plenos de comprar.

Y es que tanto el "Sí" como el "No" resultan definitivos, cierran el proceso para bien o para mal. Antes de decir del todo "No" el prospecto prefiere dejar en el aire la decisión, como en pausa, por temor a perder una buena oportunidad; por otro lado, el "Sí" tan esperado también finiquita el proceso, y el prospecto, ahora cliente, deberá asumir las consecuencias buenas o malas de su decisión.

Si tienes duda de lo anterior, califícate a ti mismo como cliente: ¿Cuantas veces dices simple, llana y rotundamente "No"? ¿Cuántas veces te has quejado de tener carga de trabajo por no saber negarte?, ¿cuántas otras tus hijos o tu pareja te manipulan?, y ¿en cuántas ocasiones has llegado a casa con determinado producto que realmente no querías comprar pero pagaste?

Cuatro (moraleja): mientras el cliente no te diga simple y llanamente "No", su proceso de compra sigue abierto, vaya, hay posibilidad de cierre; sea que le tome un día o un año, tarde o temprano tomará la decisión de cerrar el proceso comprándote a ti o a cualquier otro vendedor que se presente cuando él esté listo.

Pero profundicemos un poco más en las famosas razones para no comprar. Puedo asegurarte de entrada que 90% de ellas no son ciertas, al menos no del todo. Son comúnmente un distractor para desviar tu atención y los disparos de poder de venta del vendedor en otro foco, mientras con calma el cliente continúa casi sin presión con su proceso emocional de compra.

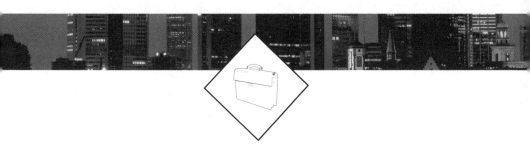

Las cuatro epidemias del comprador

Noventa y cinco por ciento de todas las razones para "no comprar" que te dan los prospectos, como ya revisamos, no necesariamente son rotundas. Todas las razones de la lista, más las que tu agregaste, me atrevo a afirmar, son síntomas de un problema oculto, y es un error frecuente atender el estornudo y no ocuparse del resfrío.

Por todos los pormenores del proceso de compra que hemos analizado, aunado a los antecedentes de la historia emocional del comprador y a los continuos embates de poder de venta de cientos de vendedores, el cliente (nuevamente tú y yo) ha desarrollado barreras específicas para "resistir" y para, a su ritmo, concretar el proceso mental y emocional. Estas barreras son también sistemáticas, casi podría decir estandarizadas, ya que el comprador las ha utilizado con éxito en compras pasadas y las ha perfeccionado para procesos futuros.

He tenido a bien bautizar estas condiciones como "cuatro epidemias del comprador", y es que se comportan como si lo fueran. Sea por "contagio", por "exponerse a temperaturas extremas" o simplemente "por reacciones alérgicas", el comprador se muestra simplemente incapaz de llegar a la decisión de compra postergando por ende la acción de compra.

Igual que en una enfermedad, hay ciertos síntomas que sólo son perceptibles bajo la supervisión experta de un profesional, y más aún, el profesional usa estos síntomas para entender al paciente y su enfermedad, pues se enfoca más en el problema fuente que en el síntoma. Las objeciones, pues, son los síntomas de algo más profundo, un vendedor novato establecerá una rotunda batalla para rebatir una a una cada objeción hasta desgastarse y desgastar la relación, ya que frenar un síntoma sólo provoca que surja otro en algún otro momento del proceso; un vendedor avispado deberá estar alerta y diagnosticar, a través de los síntomas u objeciones del comprador, de qué "está enfermo" y hacer una estrategia a favor de la salud del prospecto, nuevamente para ayudarle a llegar a la decisión de compra.

Me atrevo a sostener que todos estamos enfermos de al menos una de estas cuatro epidemias cuando jugamos el rol de comprador, hay quienes, por supuesto, están "infectados" de las cuatro, sólo de dos, de una combinación específica o de tres de ellas, pero todos tenemos un poco de una como mínimo.

A continuación me permito exponer cada uno de estos males del comprador, pero la premisa básica, el "mandamiento elemental", es que debes detectar a través de los síntomas cuál o cuáles enfermedades aquejan a tu comprador, y curarlas **antes de llegar al momento del cierre,** de la acción de compra. De lo contrario simplemente habrás perdido el tiempo y, cuando mucho, allanado el terreno para que un siguiente vendedor coseche tu siembra. Permíteme reiterar, estas cuatro enfermedades imposibilitan al comprador para tomar la decisión de compra, por lo que si quieres llevar a la *acción de compra,* todo tu trabajo caerá y entrarás a uno de esos casos de eterno seguimiento; incluso si lograras a través de presión "arrancarle" una firma a tu prospecto, apuesto uno a cien a que en cuanto llegues a tu oficina ya te estará esperando una orden de cancelación, y posiblemente hasta una carta dirigida a tu gerente con una queja grave por parte de tu prospecto.

Y no es que no le interese el producto o servicio, o que tu explicación no haya sido oportuna y veraz, de hecho, todo parece ir bien, simplemente tu cliente está atrapado por algún demonio del pasado que lo infectó de alguno de estos males:

→ No interés
→ No prisa
→ No necesidad
→ No confianza

No interés

En cualquier momento del proceso, puede ser desde el primer contacto telefónico o justo después de tres semanas de citas y negociaciones, el prospecto y sin previo aviso con todos sus pulmones estornuda un: "Gracias, pero no me interesa". ¿Te ha pasado?

Cuando se presenta en momentos muy tempranos del intento de venta, ese "No me interesa" no agobia demasiado a nadie, en la mayoría de los casos simplemente el vendedor se retira y punto, va por otro prospecto sin que haga mella en su autoestima. El problema se agrava cuando aparece después de dos horas de estar tratando con el cliente, y por supuesto es crónico cuando se manifiesta después de dos o tres semanas de citas y seguimientos.

¿Qué pasa? ¿Qué está sucediendo en su proceso emocional que le impide llegar a la decisión de compra o al menos a la voluntad de escucharte? Te lo preguntas sobre todo cuando sabes, como profesional, que tu producto no sólo debería interesarle, sino que lo necesita y solucionaría muchos de sus problemas.

Bien, el "No interés" es una especie de tumor cancerígeno, se alimenta de sí mismo, puede ser y tiene dos formas: "maligno" o "benigno" y, por supuesto, sin importar su tipo, el hecho de extirparlo no garantiza que no se vuelva a desarrollar rápidamente más adelante. En casos "graves" el paciente puede estar completamente infestado del tumor, al grado de que hay que desahuciarlo, pero en gran parte es, digamos, "curable".

La mayoría de los productos o servicios han sido diseñados tomando como base una necesidad real del mercado, creo que salvo mínimas excepciones todos los productos deben interesarle al cliente adecuado. Por supuesto, si trato de venderle un tractocamión a una anciana ama de casa, será difícil que le resulte interesante siquiera escucharme.

Pero en este momento estoy dando por sentado que hiciste tu tarea, que estás frente a un prospecto calificado y que sabes que de una manera o de otra tu producto afecta positivamente sus necesidades y soluciona de manera rentable algunos de sus problemas, ¿cómo es que se atreve a decirte que no le interesa lo que tú sabes que le haría tanto bien?

En su forma "benigna", el "No interés" es una manifestación, casi inofensiva, casi inocente, de un "No te entiendo". No es que tu seguro de vida, tu teléfono, tu sistema de ahorro, la garantía de vacaciones de por vida o lo que sea que vendes "no le interese", es que no alcanza a entender cómo se adecua a su proceso emocional y a su futuro práctico.

Considera que tu cliente tiene mucho menos conocimiento que tú respecto a lo que le estás vendiendo, en la mayoría de las ocasiones la poca información no sólo no le alcanza, sino que resulta ser el producto de chismes, rumores e historias de terceros que llegaron a él a veces como refritos del refrito, pocas veces de primera mano. Con información "en contra" y muy poca real y fidedigna, simplemente prefiere bloquear el proceso de compra que arriesgarse a lo que tal vez le pasó a alguien que ni conoce, pero "parece que le fue muy mal".

Y tú podrás decir: "¡Pero si llevo cuatro horas explicándole detalle a detalle cómo funciona mi producto, he citado veintiséis ejemplos prácticos y sencillos!, ¿cómo te atreves a decirme que no me entiende cuando mi hijo de ocho años me visitó en una sesión de entrenamiento y entendió el producto en quince minutos?"

Pues sí, pero tu cliente no te entiende.

Esta falta de entendimiento anquilosa por completo el proceso de la decisión de compra. Lo que no entiendo, más aún, lo que no entiendo después de muchas explicaciones, simple y sencillamente no me puede interesar, prefiero buscar otras alternativas cuyo control quede de mi lado.

Podrás estar pensando: "No creo, Helios, pero bueno, si de plano no me entiende, ¿por qué entonces no me lo dice así?, yo con mucho gusto le volvería a explicar cualquier detalle que no haya quedado claro."

¿Alguna vez has compartido una sobremesa de café con tres ingenieros en sistemas?, ¿logras entenderles? Toda esa jerga, todas esas palabras cuyo significado no te resulta claro y que cuando las entrelazan en oraciones tratas de adivinar más que de entender. ¿Cómo te sientes en esa mesa?, ¿participas?, a lo mejor lo intentas, pero sería para desviar el tema de conversación hacia algo que, si no dominas, por lo menos compartes, pero bastan unos cuantos minutos de *bites*, megas y *links* para que simplemente te vayas haciendo pequeño y cada vez más mudo, tratas de afilar el oído para ver si logras decodificar algún concepto al encontrar una o dos palabras familiares y adivinar. Es como estar en una mesa de extranjeros que hablan alemán, no es que no te interese el tema que tratan, es que no les entiendes ni media palabra.

Tú puedes pensar: "Repito, Helios, ¿por qué no me lo dice 'Señor, no le estoy entendiendo'".

La respuesta es sencilla, y tiene que ver con su postura de poder en la negociación. Aceptar que no entiende lo sitúa en un lugar desfavorable, por debajo del vendedor, lo hace presa fácil para que tú establezcas tu poder de venta y lo lleves a la acción sin haber él participado conscientemente en la decisión.

El cliente debe tener suficiente autoestima, una gran postura de poder y suficiente humildad para atreverse a decirte "No entiendo". Y es una conducta hasta cierto punto normal, la mayoría de las personas asentimos con la cabeza en medio de una conversación aun cuando no estemos entendiendo del todo, y lo hacemos como una muestra de grandeza, "Estoy a la altura de quien habla", "Comparto su conocimiento, por lo que me sitúo como mínimo en su propio nivel". ¿Cuántos compañeros conoces que se muestran expertos en temas macroeconómicos o políticos, cuando en verdad lo único que hacen es repetir, y en ocasiones ni siquiera con exactitud, lo que escucharon en el noticiero matutino?

En una cultura tan basada en la competencia, no entender de lo que se está hablando es simplemente salir de ligas mayores, es una muestra de debilidad, el cliente no se pondrá en esa postura de desventaja porque su pasado emocional le dice consciente o intuitivamente que sería presa fácil de tus embates de poder de venta.

¿Cómo curarlo entonces del "No interés"? Primero vacúnalo, sé sensible con tu cliente, trata de usar un lenguaje común para que no haya un brote de la enfermedad, usa un lenguaje sencillo, común a él, no a ti. Incluso para tu hijo de ocho años fue fácil entender el producto porque de una o de otra manera te vive a ti en casa, y las palabras que usas terminan por serle familiares, o vaya, es muy inteligente, pero lo que está claro es que no intentas venderle a tu hijo sino al señor Pérez, y que para lograrlo deberás comunicarte de una forma que él, el señor Pérez y no tu hijo, pueda decodificar y entender.

Si ya estás frente al cuadro clínico de "No interés benigno", deberás descubrir qué es lo que tu cliente no entendió. En la mayoría de los casos no es el producto completo, sino una sola parte de tu presentación, el problema radica en que, como en la conversación con ingenieros o con alemanes, a partir del punto en que no entendimos todo lo siguiente nos resulta también confuso. Puedes volver a explicar todo desde cero, pero si no modificas tu lenguaje obtendrás el mismo resultado. La verdad es que con encontrar el punto en que el cliente "se atoró" y solucionarlo, todo el resto "caerá o se acomodará" casi sólo, el cliente entonces entenderá, y al entender podrá reiniciar el proceso de decisión, acomodando la nueva información en el proyecto para su vida futura.

¿Cómo hacerlo?, hay que "auscultarlo", hay que investigar con preguntas exploratorias en qué momento de la presentación perdió el hilo de entendimiento, por supuesto utilizando tus técnicas de venta, ésas con las que has crecido durante años.

¿Le preguntó abiertamente qué no entendió? NO. Resultarías sumamente agresivo, evidenciarías su falta de conocimiento y sería contraproducente porque todos sus ademanes y gestos que te daban a entender que te iba entendiendo se volverían en su contra al evidenciar su incongruencia, lo único que lograrías así es engancharlo emocionalmente y que te corriera de su oficina.

—¿Cómo ve, señor Pérez, le resulta conveniente mi propuesta?

—Joven, francamente no me interesa.

—Señor Pérez, ¿qué fue lo que no entendió?

"A la hoguera, ¿qué se cree este tipo para venir a decirme que soy un estúpido que no entiende?, lo que dije es que no me interesa."

Es un mero problema de semántica que genera una gran incomodidad en la postura de negociación. Revisa este ejemplo:

A lo que te pregunte contesta "No":

—¿Me entendiste?

—No.

Bien, ¿quién es el imbécil que no entiende?

Ahora bien, qué pasa si cambio la semántica:

—¿Me expliqué claramente?

—No.

¿Quién resulta ahora ser el estúpido que no se sabe explicar?

Como puedes ver, en la segunda formulación la responsabilidad de que el cliente no entienda recae sobre el vendedor, que no supo explicar, lo que no sólo le genera comodidad al cliente, sino que hasta lo sitúa en una postura ventajosa para la negociación, le permite calma y seguridad, elementos imprescindibles para continuar con su proceso de decisión.

Tienes que combatir el virus con un antivirus, las vacunas se forman con una dosis pequeñita del mismo virus al que se pretende combatir.

—¿Cómo ve, señor Pérez, le resulta conveniente mi propuesta?

—Joven, francamente no me interesa.

—Señor Pérez, permítame entenderlo, ¿qué es exactamente lo que no le interesa?

En este ejemplo el cliente conserva una postura ventajosa, y con un poco de ayuda, en el clima adecuado se atreverá a contestar lo que no entendió sin riesgo con una respuesta abierta y explicita.

Si para cuando intentas hacer esto el clima no es el adecuado, y el cliente ya se siente (aunque tú no lo hayas generado) en una postura desfavorable, tendrás que ayudarle a contestar con respuestas concretas y cortas:

—¿No le interesa el producto o el plan de pagos?

—¿No le interesa una suma asegurada tan grande?

—¿No le interesa estar siempre comunicado con un teléfono de punta?, ¿o no le interesa que el teléfono tenga tantos atributos tecnológicos?

—¿Lo que no le interesa es someterse a un esquema de pago diferido a 36 meses?

En cualquier caso deberás hacer preguntas que el cliente pueda contestar, y llevarlo de la mano hasta encontrar juntos el problema, de lo contrario lograrías un efecto contraproducente, se sentiría acorralado y presionado.

Por otro lado, no esperes que te diga con exactitud dónde está la dificultad, comúnmente él mismo no lo sabe, y es claro, si no entendió ni siquiera sabe qué es lo que no entendió; no esperes que te lo diga, investígalo.

Recuerda que es una enfermedad, compórtate un poco como doctor. Cuando vas al médico con un dolor en el abdomen, y él te pregunta "¿Qué le duele?", no espera que le contestes "Tengo un dolor agudo en el páncreas". ¡Por vida de Dios!, ni siquiera tenemos bendita idea de dónde está el páncreas. El paciente sólo sabe que le duele "por aquí", tampoco sabrías contestar: "Descríbame su dolor?", pues.... "Es un dolor, doloroso, muy doloroso, y sigue estando por aquí".

El médico tendrá entonces que usar sus técnicas, colocar sus dedos en distintos lugares del abdomen y presionar, "¿Le duele aquí?, ¿y aquí?, ¿qué tal por acá?, si le hago esto, ¿aumenta o disminuye? Y de acuerdo con las respuestas conductuales, físicas, emocionales y orales del paciente, el doctor primero descartará lo que seguro no es, a fin de acorralar las posibles causas hasta llegar a una o dos hipótesis, entonces tendrá un diagnóstico y podrá recomendar un tratamiento.

Como médico debes tener la sensibilidad de investigar de forma tal que el cliente no se sienta incómodo, que pueda contestarte sin perder su postura favorable. A ambos les queda claro que tú como vendedor eres el profesional, el que más sabe, pero no se lo restriegues en la cara, al menos no si auténticamente deseas que te compre a ti.

Claro que hay clientes que juegan a que todo lo saben, como los hay pacientes sabihondos que le dicen al médico: "Tengo una fuerte crisis hepática" al mismo tiempo que presionan con ambas manos el apéndice que es lo que realmente les duele; pero nuestro trabajo no es establecer que están mal y nosotros bien, nuestra tarea consiste en investigar qué le duele, qué no entendió, y ayudarle a disipar su dolor, permitirle entendimiento para que reinicie el proceso emocional de la decisión.

Focalizado el problema: aíslalo. Soluciona y retoma la presentación de ventas sin hacer caso alguno a su negativa anterior, dale tiempo para replantearse, con la nueva información ya asimilada, la posibilidad de encajar tu producto en su futuro emocional, vuelve a revisar algunos beneficios a fin de generar la atmósfera de cierre para que él llegue al momento de la acción de compra.

El "No interés" maligno:

En su forma "maligna", el "No interés" es sinónimo de "NO ME IMPORTA" (busca entender el mensaje real de tu cliente), "No resulta de mi interés", "No me es atractivo", simple y llanamente "No es importante para mí". Su nombre científico bien podría ser "creutisquenomemportus".

Aquí el problema no es que no te haya entendido, sí te entendió, hizo el proceso de la decisión, pero con lo que entendió no alcanza a ver cómo tu producto afecta de manera trascendental su futuro emocional o pragmático, o bien, entendió perfectamente que tu producto soluciona un problema en su vida, pero ese problema en realidad no le resulta importante o prioritario.

Pero estamos hablando de dejarle una cantidad de dinero a sus hijos cuando él fallezca, ¿cómo puede eso no ser importante para el cliente? Pues efectivamente puede que no sea importante.

Así como él sabe poco de tu producto, tú aún sabes poco de tu cliente, a lo mejor tiene un enorme acervo hereditario, propiedades y su futuro y el de sus hijos ya resuelto, a lo mejor simplemente es irresponsable, o tiene dudas de que sus hijos realmente sean suyos, puede ser que se haya peleado con el mayor horas antes al salir de casa y en ese momento cualquier cosa le importa menos pagarle la universidad desde la tumba. Qué sé yo, puede ser realmente que tu producto o el problema que con el solucionaría no le resulte importante, al menos no prioritario.

Hay varios métodos terapéuticos para tratar el "No interés maligno": primero entendamos que el cliente tiene mucha menos información que tú tienes del producto o servicio en cuestión; segundo, desde la información limitada que tiene hay algo que no se ajusta a su proceso emocional, algo que no coincide con su futuro al grado de no poderse imaginar a sí mismo poseyendo el producto que le estás ofreciendo.

Aquí el problema radica no en encontrar qué es lo que no le resulta importante, sino, por el contrario, lo que sí le importaría.

Si te enfrascas en argumentos emocionales haciéndolo sentir completamente irresponsable por no preocuparse por la educación de sus hijos, "mal padre", despreocupado, no conseguirás nada. Lo que realmente está pasando, en el entendido de que tú ya detectaste utilidades de tu producto en su vida, es que mostraste beneficios que a él no le benefician, te equivocaste de producto, o bien lo dirigiste a un foco que para él no es prioritario.

Nuevamente, no estás frente a él para evangelizarlo o conseguir que piense como tú, sino para ayudarlo a comprar tu producto, a entenderlo y a clarificar cuáles son las prioridades de él que sí puede satisfacer tu oferta.

Siguiendo el mismo ejemplo del seguro de vida, puede ser que efectivamente atender la universidad de sus hijos en su ausencia no sea primordial, pero ¿qué tal generar una importante cantidad para retirarse en vida a los 65 años? O posiblemente sea más prioritario, desde su enfoque, protegerse con un seguro de gastos médicos que con uno de vida, aunque a ti te resultará ilógico, a él no.

Síntomas de "No interés maligno" son sinónimo de que escogiste el producto equivocado o le diste el enfoque incorrecto. Tendrás, pues, que regresar sobre tus propios pasos y ganar la oportunidad de volver a identificar las necesidades y prioridades del cliente.

Cierra tu carpeta, esconde tus folletos y deja sólo una hoja de papel en blanco con una pluma sobre la mesa, sitúa a tu cliente en una postura muy por encima de la tuya, muy favorable para él, y vuelve a empezar: "Tiene razón, seguramente no me di el tiempo de entender sus necesidades, ¿me permite unos minutos solamente para conocerlo más a fondo y poderle ser de utilidad en el futuro?

Y comienza nuevamente el diagnóstico a través de preguntas, pero ahora buscando respuestas largas y poco concretas, que vayan de lo general a lo particular, que sea él quien más hable: "Si usted me dio la oportunidad de presentarle mi proyecto de venta, seguro tenía una idea o alguna expectativa de mi producto, ¿qué le parece si la comparte conmigo?"

Si logras que el cliente comparta su expectativa, aún estás en el juego, de lo contrario, como en cualquier tumor maligno, no hay más cura que "cambiar de paciente".

Podrás ver, estimado lector, que gran parte de la corrección de esta enfermedad (y de todas) dependerá del correcto uso de las técnicas de venta que has aprendido durante años. Quiero darte un consejo, un tip, como ya dijimos, las técnicas funcionan como cualquier herramienta, la diferencia la hace el mecánico.

Lo mismo que el doctor al identificar y aislar el dolor en el abdomen del paciente, tú debes ponerte la bata del gerente de compras. Al doctor no le interesa educar al paciente, y decirle: "Ya ve, estaba usted equivocado, no le duele el páncreas, lo que tiene es indigestión, qué poco sabe de medicina"; su intención es ayudarlo a recuperar la salud o, cuando menos, a desaparecer los malestares fisiológicos.

Igual tú como vendedor debes cobijarte con la actitud correcta, nuevamente te propongo el ejercicio: si tú fueras el gerente de compras de tu cliente, si recibieras un salario por ayudarle a tomar decisiones de compra, desde su lado, ¿cómo abordarías el tema de "No me interesa"?

No estás ahí para enfrentarlo, sino para interesarte auténticamente en la solución que tu oferta le puede aportar. Si como gerente de compras hubieses detectado en la compañía un problema que se soluciona con la adquisición de ese producto, y el director general, tu jefe, palmeara en el escritorio diciendo: "No me interesa", ¿cómo manejarías la atmósfera emocional para hacerle ver, sin dejarlo en una postura desfavorable, sin invadirlo o acorralarlo, más aún, sin poner en evidencia su falta de entendimiento frente al resto de los directores?

Recapitulando:

1. El "No interés" puede ser "benigno" o "maligno".
2. En su forma benigna es un sinónimo de "No entendí".
3. Hay algo del producto, de la presentación, de la forma de pago o de la propuesta en sí que no le permite al cliente continuar con el hilo de pensamiento en el proceso de la decisión.
4. El cliente no aceptará abiertamente que no entendió, esto lo dejaría situado en una postura vulnerable, más si durante todo el proceso fue haciendo señales de entendimiento y poderío.
5. Tu labor será descubrir qué fue lo que no entendió, pero con una semántica que le permita mantener una postura de poderío, no estás ahí para someterlo a su ignorancia, sino para ayudarle a comprar tu producto.
6. No esperes que el paciente te diga de qué está enfermo, diagnostícalo y ata cabos.
7. Una vez solucionado el síntoma, no intentes el cierre inmediatamente, dale tiempo para rehacer en su mente el proceso emocional de la decisión.
8. Si estás frente a un "No interés maligno" es más probable que el problema sea tuyo, no escogiste el producto adecuado o no lo enfocaste a la prioridad adecuada.
9. Tú conoces tan poco de tu cliente como él de tu producto, puede ser que, efectivamente, desde su óptica no le interese o no le resulte prioritario.
10. No estás ahí para convencerlo de que piense como tú, sino para ayudarle a entender cómo tu oferta puede empatar con sus prioridades reales.
11. No obstante, si te dio el tiempo para presentarle, seguro es que hay algo que de inicio le interesó; con humildad investígalo.
12. Tu bata de doctor te acredita cuando tu postura mental es la del gerente de compras.

No prisa

Todo camina a las mil maravillas, desde el contacto telefónico hasta la tercera cita de seguimiento, todo ha salido "como de manual". Estamos de acuerdo con las características del producto, ciertos en que el precio es justo, detectamos las necesidades y hemos percibido más de seis señales de compra, incluso en nuestra mente ha iniciado el proceso de administración de las comisiones. Ya casi estamos disfrutando el sentimiento de orgullo y éxito que acompaña a cada venta.

—¿Le parece entonces que firmemos el contrato?

—Sí, claro… pero… mmmmh. ¿Le pido un favor?, ¿nos vemos el siguiente miércoles a las 10:00 en mi oficina para cerrar el trato?

Por supuesto, la respuesta como balde de agua fría congela nuestras fantasías respecto a qué haríamos con la comisión, casi un grito estalla en nuestro cerebro frente al cliente: ¡¿Qué pasó?!

—Bueno, pero si me firma ahora tendré oportunidad de traerle el miércoles el contrato ya en limpio.

—No, mejor será hacerlo el miércoles temprano, gracias y adiós.

Y de ahí "no-lo-mue-ves". Y si no es el miércoles es a fin de mes, después de la quincena, empezando el próximo trimestre o justo a fin de año cuando llega el aguinaldo. El prospecto posterga con lujo de desfachatez el momento de la acción de compra.

Y es que parece que siempre hay una buena excusa para no comprar hoy: en enero la cuesta económica; en febrero estamos gastados por el día del amor y la amistad; en marzo y abril, entre las vacaciones de los niños y la Semana Santa no hay liquidez; qué decir de mayo, mes de las madrecitas que nos rompen… nuestras posibilidades de cierre; junio y julio están saturados entre reinscripciones y obsequios para papá; agosto es posiblemente un buen mes, si no fuera porque tuvimos que pagar los excesos del verano; septiembre mes de la Patria, hay uniformes y útiles nuevos; en octubre "se cerraron los presupuestos"; en noviembre los muertos cuestan, y en diciembre ni pensarlo, Santa… está desfalcado. Por supuesto que cualquiera de esas razones también podría ser buen motivo para cerrar el trato en lugar de postergarlo.

Puede estar sucediendo una de dos cosas: o bien la postergación se debe a alguna circunstancia real en la vida cotidiana del cliente que no siempre se muestra abierto a compartir, o simple y sencillamente, y esto ocurre las más de las veces, el vendedor ha ejercido demasiado poder de venta durante el proceso.

Esto es: el objetivo en el proceso es ayudar al cliente a tomar la decisión de compra, en este caso la decisión está perfectamente tomada: "Sí compraré tu producto, tu oferta es valiosa, rentable y voy a comprar, pero…" Pocas veces la postergación es real, y se debe a "algo" en el futuro del cliente que le impide actuar hoy. Más allá de seguir insistiendo en el producto, en los beneficios o bondades de la oferta, el vendedor tendrá que investigar, con calma y sin presión, qué le impide al cliente llegar a la acción y, en caso de ser posible, solucionarlo.

Si, por ejemplo, el cliente depende de cobrar algún dividendo que tenga programado para fin de mes, es lógico que postergue la operación para entonces, un vendedor avispado entonces le diría: "No se preocupe, firmemos los papeles ahora, en el mejor de los casos deme un pequeño apartado y después de fin de mes, cuando usted cobre sus dividendos, finiquitamos el asunto". Si la postergación se debía a esa realidad, el cliente simplemente aceptará firmar y retrasar el pago, tal vez no había visto o entendido esa posibilidad.

Por lo general, al "rebatir" de esta forma la postergación nos encontramos de nuevo con una negativa: "No, mejor hábleme el miércoles como yo le había pedido". La postergación en este sentido es un síntoma claro de que, durante el proceso de compra, el vendedor ha ejercido demasiado poder de venta; el cliente ya ha terminado el proceso de la decisión y ésta es favorable, pero ha sido tanto el poder de venta que recibió que llegar a la acción sería una condena a muerte para el goce de comprar. Firmar en estas circunstancias sería consecuencia de que le han vendido y no de que él ha comprado. Todo el sentimiento de poderío, grandeza y endorfina que se obtiene al comprar se pierde cuando se me ha vendido, ¿recuerdas?

Luego entonces, el último recurso que le queda al cliente para salvar su dignidad es ejercer, categóricamente al final del proceso, su poder de compra; "Sí, voy a comprarte, pero no permitiré que me vendas, será cuando yo diga, como yo diga y en las condiciones que a mí me favorezcan".

El problema radica en que en la mayoría de los casos el vendedor interpreta esta señal como una negativa al producto, a la oferta misma, sin percibir que simplemente el comprador necesita espacio para recuperar su poder. Al leer la negativa como una objeción al producto, el vendedor insiste en las características del mismo, ejerciendo más poder de venta; al no encontrar la respuesta que busca insiste en explicar la oferta, los atributos y los beneficios y no se da cuenta de que, mientras más poder de venta ejerza, mayor será la postergación del cliente, quien sigue pensando en comprar, pero impedir que le vendan.

El vendedor, que sigue sin explicarse, literalmente sin entender qué está pasando, se enfrasca en un despliegue de técnicas para tratar de llevar al comprador a la acción, alimentando un círculo vicioso y entorpeciendo el clima en la relación humana durante el proceso. En muchas ocasiones, el cliente duplicará el plazo de la postergación a manera de castigo, y si sigue recibiendo presión podrá incluso salvaguardar la decisión de comprar, pero acompañada de otra: "Compraré tu producto, pero no te lo compraré a ti".

Es simplemente una postura de poder, "si realmente te intereso tanto como dices, pasa a buscarme el miércoles". Y claro que ese miércoles se puede convertir en otro miércoles, y en otro y en otro.

Hay sólo dos cosas que puedes hacer:

a)   Ofrecer un beneficio tangible (no emocional) que el cliente obtenga por comprar ahora, y que pierda por comprar después.

b)   Dar un seguimiento férreo y paciente.

La primera consiste en algún valor agregado que el cliente pueda adicionar a su compra, que sea lo suficientemente valioso como para sentir "que se salió con la suya", esto es, "Me vendiste, pero terminé obteniendo un plus", ese extra le permite al cliente retomar su postura de poder y disfrutar la acción de comprar.

Ésta es la finalidad de las promociones, invitar al cliente a actuar cuando al vendedor le conviene que actúe, pero a través de un beneficio tangible para el primero. El día en que las amas de casa hacen las compras de supermercado es el miércoles, "Miércoles de plaza", porque saben que hay ofertas: el jitomate estará 15% más barato el miércoles que el jueves, pero subrayemos, el jueves regresa a su precio original.

La tienda departamental intenta dirigir a sus compradores a un específico día en que la venta no es tan buena, dándoles "pretextos" para hacer compras en un "mal día", ¿para qué generar ofertas en sábado cuando la tienda está llena? Las ofertas dominicales no las genera la tienda, sino las marcas comerciales que desean que esa gran cantidad de clientes que compra en domingo decida por sus productos por encima de los de la competencia; las ofertas de "entre semana" sí las patrocina el almacén para generar ventas el día "más flojo", aunque, por supuesto, la efectividad de estas prácticas puede generar (como sucede) que ese día "más flojo" se convierta en uno de los más rentables, por lo que la promoción se consolida como permanente.

Y es que los miércoles los jitomates tienen descuento, lo mismo que muchos perecederos, pero, conocedoras de los hábitos de consumo, las tiendas saben que los clientes no sólo comprarán jitomates, aprovecharán para hacer muchas otras compras, ¿recuerdas los tamales de capítulos previos?

En cualquiera de los casos, lo peor que puedes hacer frente a tu cliente postergador es seguir ejerciendo poder de venta, por lo que, por un lado, deberás aceptar la respuesta inmediata, sea cual esta sea, por parte de tu cliente respecto a esta "promoción u oferta". Si a pesar de ofrecer un beneficio tangible su postura sigue férrea en la postergación, simplemente acéptala y comprométete a darle el mejor de los seguimientos.

Perderás la venta si sigues asestando golpes o técnicas, toda la argumentación emocional será percibida como un intento más de manipulación, lo que irá alejando al cliente de la opción de comprarte a ti, y nótese que lo aleja de ti, no de tu producto. Lo más fácil para tu cliente es simplemente decirte que no, y ya con la información y la decisión de compra ir a ejercer su poder de compra con otro vendedor de tu competencia (o de tu misma empresa).

Pero te "dará" la oportunidad de ayudarle a comprar (no de que le vendas), si te comportas a la altura de sus exigencias. Subráyalo, no generes más argumentos emocionales, ofrece:

> Un beneficio tangible que el cliente
> adicione por comprar ahora o que pierda
> por comprar después.

Tan importante es que el beneficio sea tangible por comprar ahora como la parte de que lo pierda por comprar después. Si su decisión de postergar prevalece y cierra el trato seis semanas después, no puedes, —no debes— mantener el beneficio adicional por ningún motivo, incluso con la sospecha de perder la venta con todo y las seis semanas de seguimiento.

Y la razón es clara: en el proceso tu poder de venta lo situó en una postura desfavorable, al insistir en el cierre dejaste la relación emocional "a flor de piel"; esas seis semanas de postergación fueron el tiempo necesario para que el cliente "sanara" la relación y recuperará el poder de compra, si después de este proceso tú afirmas que puedes entregarle el beneficio ofrecido hace seis semanas generarás una lectura de manipulación: "O sea que lo de la promoción no era más que otro gancho, otro ardid para hacerme comprar", "decididamente este sujeto quiere venderme", "cree que soy tan estúpido para no darme cuenta de su manipulación".

La venta difícilmente se concretará, y aun cuando se cerrara, tu imagen quedaría disminuida a la de un merolico charlatán que hace y ofrece cualquier cosa por un cierre, la posibilidad de nuevas ventas será muy limitada.

Respecto a dar un seguimiento férreo y paciente, el seguimiento que te exija el cliente será justo el que debas dar. Lo que el busca es quitarse la sensación de que le has vendido, vaya, quiere hacerte pagar el precio por haber intentado (tan exitosamente) venderle.

Recuerda que, por un lado, mientras no te de un "NO" categórico el proceso emocional de tu cliente sigue abierto, por un lado y, por el otro, que es una etapa de rehabilitación del sentimiento de poderío del comprador, por lo que, sin mostrarte sumiso, deberás someterte a sus tiempos.

Por supuesto que muchos vendedores no están dispuestos a tal cosa, muchos incluso tienen sus propias reglas al respecto: "Tres llamadas y punto, si a la tercera no concreta le hago saber que soy todo un profesional, y que estaré disponible cuándo él esté listo, que sea el cliente el que me hable para comprar". Y no está del todo mal, finalmente, aunque en forma muy objetiva, le está regresando el poder de la acción de compra al cliente, pero se está arriesgando, por supuesto, a perder la venta y a que otro vendedor coseche lo que él sembró.

Y es que recuerda la historia emocional de tu cliente, ¿cuántos vendedores en su pasado se han mostrado aparentemente muy interesados por él y se esfuman segundos después de recibir el dinero? El cliente quiere comprobar, a cabalidad, que tus intereses están de su lado, y no del lado de tu comisión.

El seguimiento, pues, debe ser ante todo puntual y anunciado. ¿Cómo es esto? Si el cliente te pide que le hables el martes a las 9:00 deberás hacerlo justo el martes, y justo a la hora que te solicitó. Hacerlo cualquier otro día, en cualquier otro horario, es mandarle un mensaje de: "El día y hora que señalaste encontré algo mucho más importante que tú"; justo el mensaje que no debemos dar. Pero no sólo debe ser puntual, sino anunciado, esto es, hazle ver que fue él quien solicitó la llamada ese día y a esa hora. Esta postura es una especie de salvoconducto para, por una parte, que lea tu autentico interés y disposición y, por otra, que éste no se convierta en una presión adicional con efectos contraproducentes.

Habrá ocasiones en que con lujo de conciencia el cliente te someta a este proceso de seguimiento, hay clientes tan evolucionados en el proceso de compra (y me incluyo), que hemos sistematizado el proceso de postergación como un estándar de calidad del proveedor. Un poco la lectura es: "Si deseo saber si estarás para darme servicio post venta, qué mejor forma de conocer tu capacidad de seguimiento que antes de firmar", o dicho con palabras más llanas: "Si ni siquiera me puedes dar seguimiento cuando no has cobrado tu comisión, ¿qué podré esperar de ti y de tu empresa una vez que te pague?"

Por supuesto que mientras más tiempo pase más probabilidades habrá de que la decisión de compra se enfríe, o de que variables externas afecten el proceso mismo. Pueden presentarse otras prioridades, cambios imprevistos en su economía o en su condición general de vida, pero es un riesgo que deberás afrontar con paciencia. En cada cita y en cada llamada de seguimiento ten presente:

El cliente quiere estar seguro de que él compró,
y de que tu servicio y calidad prevalecerán aún
después de haberte finiquitado.

Recapitulando:

1. La "No prisa" comúnmente es resultado de alguna condición de peso en la vida de tu cliente que lo obliga a postergar, o de que ejerciste demasiado poder de venta durante el proceso.

2. Si esta condición es detectada y solucionada, y la postergación prevalece, sólo tienes dos caminos:

   a) Ofrecer un beneficio tangible que el cliente adicione por comprar ahora o que pierda por firmar después.

   b) Disponerte a un asertivo seguimiento.

3. Por ningún motivo deberás seguir vendiendo características, beneficios o ventajas de tu producto u oferta.

4. Por ningún motivo deberás ofrecer argumentos emocionales.

5. Si la postergación prevalece, al momento de cerrar (tiempo después) no deberás sostener el beneficio tangible que habías ofrecido.

6. La decisión ya está tomada, el cliente comprará, a ti o a quien le permita comprar, sin que le vendan.

7. En cada acción de seguimiento deberás devolverle poder de compra al cliente.

8. El seguimiento debe ser puntual y anunciado, dejando claro que no hay nada más importante en tu agenda que atenderlo, y que él solicitó la llamada.

9. El cliente quiere estar seguro de que él compró y de que tu servicio y calidad prevalecerán aún después de haber finiquitado.

No necesidad

Tal vez sea esta la más atípica de las cuatro epidemias, la que menos se presenta y la que, cuando lo hace, tiene menores posibilidades de "cura".

Y es que partimos de la base de que el vendedor ya hizo su tarea mucho antes de iniciar el proceso de compra, y durante el de venta ya calificó y diagnosticó que el producto u oferta que presentará realmente coincide con la satisfacción de una necesidad del comprador. De hecho, el punto de partida, el catalizador del proceso de venta, como sabemos, es justo el establecimiento de las necesidades del prospecto y el diagnóstico de qué producto o servicio ofrecer para satisfacerla; luego entonces, que durante el proceso mismo de compra se presente el "Gracias, pero creo que no lo necesito" o algún otro síntoma de "no necesidad" es francamente poco probable.

Aunque sabemos que el proceso de compra se fundamenta en gran medida desde el hemisferio emocional del comprador, él mismo necesita, para accionarlo, identificar un motivador que justifique ya no el producto o servicio en sí, sino la mera posibilidad de destinar tiempo para escuchar sobre él. La anterior premisa nos hace suponer que, si ya estamos a medio proceso de compra (o de venta) y el prospecto nos permitió su voluntad de escuchar, tiene una necesidad o bien cree que la tiene.

Puede ser, claro, que durante la presentación el prospecto se dé cuenta en forma auténtica de que tu producto no satisface la necesidad que él cree tener, y llegue a la conclusión de que efectivamente no lo necesita. Si este fuera el caso, el porcentaje de cierre es casi nulo, a no ser que utilices ardides manipulatorios que confundan al comprador y lo hagas actuar sólo por impulso emocional, cosa que, como ya hemos establecido, te hace ganar una venta, pero perder una cuenta; no lo recomiendo. Pero antes de retirarte hay algunos esfuerzos que sí puedes hacer para ayudarle a comprar tu producto o servicio.

La tarea del vendedor será alejarse cuanto más pueda del producto o servicio y acercarse a la mente del comprador a fin de descubrir y entender cuál es su necesidad. Nótese que cuando digo "descubrir" me refiero a que el vendedor descubra y entienda no al típico: "Haz que tu cliente se dé cuenta de la necesidad que tiene", primero hay que detectarla.

En la mayoría de los procesos de capacitación de vendedores tradicionales se hacen ejercicios para entender el tipo de necesidades que el producto satisface, y las técnicas que se enseñan se fundamentan en hacer que el cliente vea esos beneficios y "descubra" su necesidad. Esto en la práctica no es del todo erróneo, pero recordemos que vivimos en un mercado de compradores, no de vendedores, si simplemente nos lanzamos al proceso manipulatorio, tendremos que abordarlo y ejercer nuestro poder de venta, con las consecuencias que ya hemos establecido.

Y lo subrayo porque antes de poder ayudar al cliente a entender su necesidad debemos nosotros entenderla con claridad, y no sólo eso, compararla con los beneficios de nuestra oferta y hacer un análisis objetivo y profesional para constatar que efectivamente podemos serle de utilidad al prospecto y no sólo hacerle entender una necesidad "prefabricada" en nuestro salón de capacitación que no necesariamente se ajusta 100% a todos los prospectos.

1. Establezcamos entonces que la primera posibilidad es que efectivamente el cliente haya entendido nuestro producto, y éste no embone en sus expectativas.
2. Antes de abortar el proceso, démonos el tiempo de alejarnos de nuestro mundo y acercarnos al de nuestro cliente para tratar de investigar su necesidad real.
3. En un acto de ética y profesionalismo tendremos que estar dispuestos a renunciar a la venta si clarificamos fuera de toda duda que nuestro producto realmente no ayuda al cliente.

De nuevo la postura mental del vendedor hace la diferencia. Si abordamos el caso desde la premisa de que "no soy tu vendedor, sino tu gerente de compras", tendría, justamente, que entender primero la necesidad y renunciar al proveedor si no veo que éste sea la opción adecuada.

Si como gerente de compras alcanzo a entender la necesidad y me queda claro que el producto o servicio en cuestión es el indicado, el que "necesitamos", mi labor sería hacer que el cliente vea lo mismo que yo veo. Entonces, y sólo entonces, aceptaría el uso de técnicas que le ayudarán a descubrir esas posibilidades, la postura mental de gerente de compras sería suficiente para que las técnicas no representaran poder de venta, sino auténticamente ayuda para comprar. Cuando éste es el caso, partimos de la base de que el cliente efectivamente tiene un problema de miopía, no alcanza a ver, desde su realidad, la necesidad que tiene, por lo tanto, no identifica cómo nuestro producto le ayuda.

El error más frecuente que comete el vendedor, aun cuando ya haya entendido que es un problema de miopía, es seguir demostrando todos los atributos y beneficios de la oferta, al pensar que si alimenta las razones el cliente llegará a la acción de compra. Nuevamente, estamos atrapados en el paradigma que aprendimos con las técnicas de venta.

Recordemos el concepto, el proceso de venta tiene dos "velocidades", ¿lo recuerdas?, por un lado tú estás tratando de llevarlo a la "acción de compra", mientras él está procesando la "decisión de compra". Por muchas demostraciones y esfuerzos emocionales que ejerzas a favor de tu producto, no avanzarás; demostrarás que tu producto es bueno y que satisface un montón de necesidades, pero mientras el cliente no identifique su propia necesidad todos tus argumentos se vuelven letra muerta, simplemente no son escuchados, vaya, no son tomados en cuenta en lo más mínimo, ya que el prospecto o no ha empezado su proceso de la decisión, o lo tiene constreñido al momento en que entendió que su expectativa no coincidía con tu propuesta.

Y he aquí por qué te anticipo que ésta es la enfermedad más difícil de "curar". La mente del prospecto funciona según sus experiencias pasadas, establece realidades mentales que pueden ser muy distintas a las físicas.

Ya en mi libro *Alcanza tus sueños* revisé el proceso de realidad e irrealidad de un individuo, pero permíteme describirlo brevemente:

¿Conoces matrimonios que a todas luces no funcionan, pero ninguna de las dos partes parece estar enterada de los problemas reales? Se consecuentan, en apariencia se toleran, pero distan mucho de entenderse, y es que están incapacitados para entender sus problemas porque simple y sencillamente no alcanzan a verlos, han hecho de su rutina una forma de vida, ésta conforma su concepto de realidad; por difícil que pueda parecernos, esta realidad, aun enferma, se establece como un paradigma en sus cerebros, de tal suerte que es la única verdad absoluta que saben identificar. Lo que para todos los externos está mal desde donde se mire, para los involucrados es la forma cotidiana y, por ende, correcta de vivir.

Te doy otro ejemplo: cuando llegas a la oficina de un nuevo cliente, puedes notar con un breve momento de observación aguda que hay algunas manchas en la pared, probablemente el cadáver de una mosca con todo y su sangrienta huella que te permite entender de inmediato cómo terminó su existencia. Lo que para ti salta a la vista en un simple instante, para el dueño de esa oficina pudo ya convertirse en un elemento más de su cotidianeidad, al grado de que fisiológicamente es incapaz de percibirlo. Cada vez que sus ojos mandan la imagen de la mosca a su cerebro, éste lo rebota con la corteza cerebral y con la hipófisis, pero a través de un proceso ya "contaminado" por la imagen "real" que el cerebro tiene respecto a cómo debe ser esa pared, de tal suerte que regresa una visión "corregida" en la que la mosca simplemente no tiene lugar, por lo tanto no se le dio en la reconstrucción de esa imagen "real".

No quiero confundirte, estoy seguro de que es más fácil de entender con la lectura del ejemplo: por favor lee en voz alta el contenido de este mensaje:

"Sgeun un etsduio de una uivenrsdiad ignlsea, no ipmotra el odren en el que las ltears etsan ersciats, la uicna csoa ipormtnate es que la pmrirea y la utlima ltera esten ecsritas en la psiocion cocrrtea.

El rsteo peuden estar ttaolmntee mal y aun pordas lerelo sin pobrleams. Etso es pquore no lemeos cada ltera por si msima snio la paalbra cmoo un tdoo.

Tu propio cerebro a lo largo de los años, ya ha establecido una realidad respecto a cómo debe ser cada palabra, esta realidad forma parte de un patrón sináptico en tus neuronas.

Cuando se te ofrece un texto que a todas luces esta mal escrito, tu cerebro parece encogerse de hombros, y sin darle importancia al aparente error simplemente te entrega una imagen autocorregida de la percepción que le enviaste, y con ella tú continúas tu proceso mental.

Destaco entre comillas "a todas luces" y "mal" porque no necesariamente está "mal", sino que tu cerebro decodifica que así es. Este proceso paradigmático impide a tu cerebro entender la nueva realidad ya que lo hace mediante una percepción, previamente corregida en la corteza cerebral.

Regresemos pues al caso con el cliente: una vez que te alejas del producto y te acercas a sus necesidades, te tomas el tiempo de abandonar tus propios paradigmas respecto al tipo de necesidades que aprendiste que tu producto o servicio satisface, y puedes entonces alcanzar a ver las necesidades reales de tu cliente.

Éste es el primer paso, el segundo, mucho más difícil, será ayudarle al cliente a ver (primero) y entender (después) su propia necesidad, y ahora sí, ya con el tema clarificado en su mente, exponer tu oferta para que el proceso de la decisión de compra fluya.

Debo anticiparte que la probabilidad de éxito es muy baja. Resulta francamente muy difícil desenganchar a tu cliente de sus propios paradigmas e ideas preconcebidas, ya que hoy funcionan como su sistema de creencias y justifican todas sus percepciones como base de su realidad física, aunque se originan, como ya establecimos, en su realidad sináptica o mental, de modo que por muy buen argumentador que tú seas, realmente es muy complicado competir contra las ideas reforzadas durante años en la mente de tu prospecto.

Por supuesto, el comprador experto también sabe que ante la "no necesidad" tienes muy pocas posibilidades de éxito, por lo que pudiera ser (en los menos de los casos) que lo use como una excusa, como una objeción falsa, simplemente para evadir tu poder de venta.

En cualquier caso, lo más que podrás hacer es, desde la postura del gerente de compras, ir identificando cuál es la expectativa del cliente y cuál es su necesidad.

Recapitulando:

1. La "No necesidad" es la enfermedad que menos veces se presenta, y cuando aparece es la más difícil de abatir.

2. Si el cliente ya entendió nuestro producto y simplemente no se ajusta a sus necesidades, no hay mucho que hacer.

3. No obstante, podemos alejarnos de nuestro mundo y adentrarnos en el de él, tratando nosotros de entender su necesidad y analizarla con respecto a nuestra oferta.

4. Si ya detectaste su necesidad y el propio cliente no la ve (en una situación clara de miopía por la percepción de la realidad), tendrás primero que entenderla y después, ahora sí con el uso de técnicas de venta, presentársela a tu cliente poco a poco.

5. El error más frecuente del vendedor ante la "No necesidad" es seguir ofreciendo argumentos de compra y destacar beneficios o ventajas de su oferta en un esfuerzo por llevar al cliente a la acción de compra, cuando el proceso de la decisión ni bien ha empezado en la mente de éste.

6. Nuevamente la postura de "gerente de compras" permitirá entender el tono y la velocidad de la argumentación para ayudar a nuestro cliente a entender su propia necesidad y cómo nuestra oferta se ajusta a satisfacerla.

No confianza

Sin duda alguna, la más común de las cuatro epidemias de un comprador, la "No confianza", es la secuela de cientos de malas compras, de ofertas y promesas incumplidas y de malas experiencias propias o ajenas acumuladas.

Como revisamos ya en "La historia emocional del comprador", todos hemos estado sometidos a malos momentos, no digo que todas nuestras experiencias de compra en la vida hayan sido negativas, sólo que muchas sí lo fueron, y esto es como las manzanas: no recordamos las cientos de sabrosas y sanas que nos hemos comido, en nuestra mente están a flor de piel, sólo los recuerdos de aquellas manzanas que al morder sonrientemente nos dejan ver un gusano o a veces, con mayor gravedad, sólo medio gusano.

El comprador está pues, a la defensiva por lo general desde antes de iniciar el proceso de compra, esperando los embates del vendedor y con la férrea voluntad de "no caer" ante sus técnicas. Sabe de antemano que él tiene el poder, pero sabe también que en su pasado ha cometido errores y efectuado malas compras. Al no tener claridad en las técnicas de venta que se usarán para "cerrarlo", el comprador se deja llevar por su instinto, leyendo... sintiendo al vendedor hasta determinar si es digno de confianza.

Siempre que hablo de confianza me gusta explicar el tema con la analogía de una cuenta de ahorros. Es muy difícil ahorrar, es muy complicado generar un superávit en nuestras finanzas y encima tener la disciplina de depositarlo en una cuenta para que con mucho esfuerzo y tiempo los dividendos vayan actualizándose y ganando intereses, con todo lo difícil que puede ser acumular una buena cantidad de ahorros y todo el tiempo que esto puede implicar, es facilísimo gastar los ahorros en una sola decisión de compra.

Lo mismo sucede con la confianza, es como una cuenta de ahorros, funciona igual: se van generando pequeños y pequeños depósitos de confianza que van creciendo y generando dividendos; mientras más depósitos de confianza se hacen en una persona, más pareciera pagar en dividendos porque más fácil es seguir confiando en ella. Pero, lo mismo que con una cuenta de ahorros, basta un solo gasto importante para que la cuenta que alimentamos durante años quede vacía y el ahorrador no vuelva a depositar nunca más.

Pensemos en el joven que tiene problemas de conducta, bebe y es adicto a alguna droga, sus vicios y su conducta son un dolor de cabeza para toda la estructura y dinámica familiar. Después de muchos esfuerzos el joven decide iniciar un programa de recuperación, durante semanas padece la desintoxicación y logra acumular siete meses de sobriedad y limpieza, su familia se vuelve a integrar, la dinámica y la comunicación se restablecen. Una tarde, el joven recae en el consumo de alguna sustancia menor, posiblemente ni pierde el sentido, pero vuelve a caer en el consumo. De inmediato los siete meses de depósitos de confianza parecen disminuir a cero, los reclamos de sus padres y sus hermanos son actuales, "No puede ser", "Tanto que habíamos confiado en ti", "Otra vez caíste en las andadas". No sólo pierden valor los meses de esfuerzo y sobriedad, un sólo "retiro" en la cuenta emocional de la confianza basta para vaciar la misma y para que sea punto menos que imposible que su familia vuelva a apostar por él, esto es, recuperar la confianza será cada vez más difícil después de perderla reiteradamente.

Me gustaría puntualizar que no es lo mismo "no confiar en algo", que "desconfiar de algo". Cuando uno no confía es sinónimo de que aún no hemos otorgado nuestra confianza, pero nada más, puede ser que acabamos de conocer a alguien o se nos acaba de presentar por vez primera un producto o servicio al que, por nuevo, aún no hemos decidido dar nuestra confianza.

Cosa distinta es cuando "desconfiamos" de algo o de alguien, en este caso puede ser que ya en el pasado otorgamos un deposito de confianza y ésta no fue justamente retribuida, o bien hay "algo" consciente o inconsciente que no nos deja confiar por primera vez en esa persona o producto. Este "no sé qué" seguramente tiene sus raíces en la historia emocional del comprador, cuando confió en algo parecido y le fue mal, entonces desarrolló un "sexto sentido" que le propone no confiar en la nueva opción.

Analizaremos más adelante que este sexto sentido que ha desarrollado el comprador (y el vendedor también) juzga a través de percepciones, por encima de argumentos lógicos, es una capacidad emocional, que se alimenta de percepciones recogidas a través de los cinco sentidos y que no siempre son racionalizadas, es más, en muchas ocasiones no alcanzan a ser conscientes, pero igual llegan al cerebro del comprador y definen el depósito de confianza que éste pretendía hacer y que tanto necesita el vendedor.

No obstante, parte del sistema de creencias de nuestra sociedad se basa justamente en la confianza, a los seres humanos nos gusta confiar en los demás, anhelamos conocer y sostener una estrecha relación con personas o instituciones dignas. Es tan importante satisfacer nuestras necesidades emocionales de vinculación y sentido de pertenencia, que frecuentemente "cancelamos los saldos vencidos" y volvemos a abrir cuentas de confianza casi sin que nos lo soliciten.

Pensemos sólo un momento en el comportamiento colectivo cada sexenio cuando escuchamos y queremos creer en las promesas de los candidatos de cada partido que nos piden justo eso: un voto de confianza para llevarlos al poder. En cada proceso una voz dentro de nosotros sabe que no debemos, que no podemos creer todo lo que nos dicen, pero otra parte de esa misma voz afirma: "Con que logre la mitad de lo que nos está ofreciendo sería buen gobernante".

Pareciera que estamos tan necesitados de confiar que no sólo cancelamos las deudas de confianza añejas, sino que hasta ofrecemos crédito a los nuevos personajes que se nos presentan en el día a día. Hay quienes tienen incluso un sistema establecido para confiar o no en las personas que acaban de conocer, muchos dicen: "Primero te ganarás mi confianza, cuando la tengas te iré soltando mayores responsabilidades", otros dan un crédito de inicio: "Cuentas desde ahora con toda mi confianza, tú sabrás si la aumentas o la vas perdiendo"; en cualquiera de los casos, la confianza es en las relaciones humanas, lo que el lubricante a un motor, sin ella no pueden funcionar óptimamente. El comprador será cauteloso en iniciar siquiera el proceso de compra sin cerciorarse primero de que puede confiar.

Hay cuatro áreas fundamentales en las que un comprador debe sentir o desarrollar confianza antes de iniciar el proceso mental de comprar:

1. En la marca
2. En el vendedor
3. En el producto o servicio
4. En la agencia, distribuidora, franquicia o sucursal

Confianza en la marca

Ésta se gana o se pierde a través de años de limpieza comercial, tú como vendedor poco podrás hacer por vender tu producto a algún comprador que no confíe en tu marca; de hecho a ti no te toca generar confianza en ella, cuando mucho es tu obligación comportarte a la altura de la misma para no ensuciar su prestigio obedeciendo el código de ética de tu empresa. Pero crear confianza en la marca es más una competencia y obligación del departamento de mercadotecnia que del vendedor.

De pequeño aprendí que determinada marca es confiable porque la usaba mi abuelo o mi padre. Hay muchísimas posibilidades de que la siga consumiendo e incluso de que la herede a mis hijos (pregúntate qué marca de aceite se usa en tu casa para cocinar los alimentos y casi te puedo asegurar que es la misma que se usa en casa de tu suegra).

No pretendo profundizar en la cuestión de crear confianza a una marca porque, como ya lo mencioné, ese asunto es más de la competencia de mercadotecnia que del vendedor, y tiene más que ver con el diseño, colores, formas del logotipo, impacto en medios e historia de casos de éxito, ésos son los ingredientes que, con el tiempo, construyen marcas ganadoras y de confianza.

Sí quiero destacar que en caso de que vendas un producto o servicio cuya marca es desconocida, tendrás que ser aún más exigente contigo mismo en la cuestión de generar confianza en el comprador, aunque deberás hacer más esfuerzo en que confíe en ti que en la propia marca.

Permíteme clarificar con un ejemplo concreto: si al mercado ha llegado una nueva marca de autos el comprador seguramente no tiene referencia propia de lo que puede esperar de ella, lo único que sabe es lo que se dice en las campañas publicitarias y algunos comentarios de amigos y vecinos; puede ser que aún no confíe en esa marca, pero esto no le impedirá visitar una agencia y conocer de primera mano la línea de productos. Si por el contrario en su pasado emocional cuenta con vivencias negativas respecto a otra marca en el mercado, difícilmente aceptará recibirte en su oficina, y es casi imposible que se tome el tiempo de estacionar su vehículo e ir a visitar el piso de ventas de la marca que en su cabeza tiene tanto descrédito. En el primer caso aún no confía, en el segundo, abiertamente desconfía de la marca.

Digamos, para cerrar la idea, que si el comprador no confía en la marca puede recibirte y esperar abrir una cuenta emocional con la misma, pero si su pasado lo hace abiertamente desconfiar de ella, con dificultad te recibirá siquiera en su oficina, mucho menos visitará la tuya.

Confianza en el vendedor

Sin duda alguna es ésta el área de confianza más importante a desarrollar, por un lado, porque depende absolutamente de ti como vendedor, por otro, porque una vez que el comprador desarrolla confianza en el vendedor las otras tres áreas de confianza pierden importancia en su mente.

Y es que al ser humano, como ya dijimos, le gusta establecer relaciones humanas basadas en la confianza, sí… pero ¡humanas!

Lo destaco porque aun cuando en el desarrollo de nuestra historia personal estamos vinculados a ciertas marcas y el uso repetido de ellas genera hábitos de consumo, nuestro compromiso personal se deposita más en las personas que en las marcas. Y es que la marca satisface tan sólo una parte de nuestra necesidad como compradores, mientras que otro ser humano, el vendedor, puede satisfacer muchas otras necesidades del comprador, primordialmente emocionales.

Ser escuchado, reforzar nuestro sentimiento de poderío, dar un servicio cálido y cercano y fortalecer nuestra necesidad de sentirnos y sabernos importantes son cosas que la marca sola difícilmente puede lograr, o dicho de otra manera, que el vendedor puede ejercer durante el proceso de compra, cuando la marca sola… no puede, al menos no durante el proceso.

Ya mencionamos el ejemplo del ginecólogo, una vez que la mujer confía en él no le importará si éste se cambia de hospital o de ciudad, hará lo necesario para seguir consultando con el médico de su confianza. Seguramente en la nueva ciudad hay excelentes médicos, pero el paciente (la cliente) ya estableció un vínculo de confianza y sabe que es muy difícil encontrar este atributo en cualquier proveedor, el costo de transportarse hasta donde esté su ginecólogo bien se justifica cuando se compara con el miedo de volver a confiar en otro desconocido.

¿Qué te pasa cuando visitas tu restaurante preferido y descubres que Nicolás, tu mesero de costumbre, fue asignado a las mesas del fondo? Aunque las mesas del frente tienen mejor vista y estás acostumbrado al confort de esa zona, solicitas que te reubiquen en la estación de tu mesero de siempre, no te importa perder algunos satisfactores a cambio de ser atendido por alguien que se ha ganado tu confianza durante años.

En ocasiones graves, si el buen Nicolás decide no trabajar más en ese restaurante y te enteras de que se fue a otro, es muy posible que modifiques tu hábito de consumo y cambies de marca, al menos le darás el beneficio de la duda al restaurante de enfrente, aquel al que nunca le habías dado un voto de confianza, tu vendedor Nicolás "te jala" hacia su nueva marca o producto.

Lo mismo sucede con tu agente de seguros; si por alguna circunstancia cambia de marca, de compañía o de sucursal, poco te importará cambiar con él tus pólizas a su nueva sucursal, marca o compañía, la confianza acumulada durante meses o años en él, te resulta suficiente para aceptar su recomendación de migrar, más aún si justifica plenamente el cambio con un estudio de factibilidad y te demuestra que el cambio no perjudica de forma alguna tu protección. Si nuestro amigo asegurador, además, se ha convertido en tu gerente de compras, seguramente te hará ver que no es conveniente mudar determinada póliza de compañía, por lo que a pesar de no coincidir con sus intereses personales su recomendación será dejarla como está, a cargo de algún colega suyo. ¡Quién más te puede dar ese tipo de consejos que alguien de toda tu confianza!

Éste es justo el argumento conceptual de todo el libro, y también del seminario presencial: "Cuando el vendedor logra convertirse en el gerente de compras de su cliente, habrá ganado una cuenta que seguramente le significará negocio por muchos años", amén por supuesto, de alimentar su agenda de relaciones y hasta, ¿por qué no decirlo?, de amistades.

Confianza en el producto o servicio

La confianza en el producto o servicio que pretendes ayudarle a tu cliente a comprar se basa en los mismos tiempos de la confianza que explicamos en "La confianza en la marca". Recordemos que no es lo mismo no confiar en un producto o servicio que desconfiar de él.

Nuevamente me permito reiterar la sentencia: "Si tu cliente desconfía de tu producto, esto es, si en su pasado emocional como comprador ha tenido experiencias desfavorables, poco será lo que puedas hacer para que te compre". Si, por otro lado, aún no confía en tu producto, deberás ayudarle a entender cómo embona en sus necesidades actuales, pero con una visión de futuro.

Recuerda que el cliente no compra un producto en sí, sino lo que cree que hará por él, si tu comprador manifiesta síntomas de "no confianza en el producto o servicio", deberás indagar primero en su pasado emocional, a fin de determinar qué le está molestando de tu producto o a productos similares que en su pasado le arrojaron experiencias de compra perdedoras.

Una vez detectado el problema fuente les será de mucha utilidad (a ti y a tu comprador) mostrar todas las garantías que estén a tu alcance respecto al futuro de tu producto ya en posesión de tu cliente, esto es, no basta con aumentar su confianza en el producto hoy, debes ayudarle a ver cómo seguirá satisfaciendo, de la mejor manera posible y al costo más conveniente, sus necesidades de mañana. Piensa que una vez que lo compre, cuando tú ya no estés, tu producto o servicio sí seguirá estando con él.

Si has hecho bien tu trabajo y el cliente ya confía en ti tienes todo a tu favor, podrás auténticamente recomendarle la compra como su gerente de adquisiciones. El comprador entonces llegará al proceso de la decisión basado en la confianza que ha depositado en ti, aunque aún no alcance a ver cómo en el futuro el producto funcionará. Si por el contrario aún no has ganado su confianza, lo único que puedes hacer es repartir la responsabilidad de compra, mostrar un listado importante de todos aquellos clientes que han comprado y siguen disfrutando las bondades de tu producto o servicio.

Una técnica que te permite trabajar con esta enfermedad de confianza en el producto organizada y sistemáticamente es la de "Sentir, sentido, descubierto":

"Sr. Pérez, entiendo cómo se siente respecto a lo nuevo de este producto en el mercado, de hecho, muchos de mis ahora clientes se han sentido exactamente igual que usted, al principio tenían justificadas dudas, pero me dieron un voto de confianza y lo compraron, hoy puedo decirle con agrado que con el uso cotidiano del producto han descubierto que es una excelente opción para satisfacer su necesidad".

En esta técnica estás primero estableciendo en empatía con el comprador al manifestarle que entiendes que se siente inseguro y que no deseas forzarlo a tomar una decisión; por otro lado, estás compartiendo la responsabilidad de compra entre esos muchos "ahora clientes" que se han sentido igual que él, y finalmente estás retándolo con una lista de casos exitosos que descubrieron con el uso cotidiano que el producto o servicio en cuestión satisface a cabalidad sus expectativas.

Mucho más puedes lograr invitando a tu cliente a que tome acciones de menos a más, a que empiece tal vez con sólo parte de la compra y, de acuerdo con los resultados, poco a poco vaya cerrando mayores cantidades. Recuerda que la confianza es una cuenta emocional que se alimenta de pequeños depósitos, poco a poco.

Aún más será lo que logres si apuestas la confianza que ya tiene en ti sobre la que aún no tiene en el producto; si te comprometes a estar ahí cuando el producto no sea lo que él esperaba y a solucionar el problema estarás anclando su decisión en la confianza que ya te tiene. Por supuesto que antes de arriesgar su confianza debes estar seguro de que el producto y la compañía para la cual trabajas te respaldarán en caso de ser necesario, ya que de lo contrario perderías lo más difícil de ganar… la confianza de un nuevo comprador.

Si no tienes la certeza de que puedes respaldar su decisión de compra, ya sea por falta de apoyo de tu empresa o definitivamente por imposibilidad en las condiciones comerciales, es mejor perder una venta y ganar un buen cliente. ¿Si fueras su gerente de compras arriesgarías tu puesto, tu salario y tu profesionalismo recomendando ese producto o servicio? Si es así… ¡hazlo!

Confianza en la agencia, distribuidora, franquicia o sucursal

Cosa similar aplica a esta área de confianza: si el comprador tiene experiencias desfavorables de la sucursal a la que reportas y "desconfía" de ella, poco podrás hacer por la venta.

Si por el contrario aún no confía en ella porque carece de antecedentes tu función debe centrarse en entender que después del proceso de compra el cliente debe tratar con los servicios internos de esa específica sucursal, e investigar qué es lo que no le acaba de transmitir confianza de la misma.

Puede ser una falta de actitud de la gente de servicio, puede ser que encontró sucia la sucursal cuando llegó, incluso que le queda demasiado lejos de su casa u oficina, y en caso de que necesite regresar a una recompra o a un mantenimiento o servicio, siente que definitivamente no es la opción para él. De nuevo deberás convertirte en un excelente investigador e indagar cuáles son las variables que en la mente del comprador le incomodan respecto al producto o servicio en un futuro, cuando tú ya no estés o no puedas estar para asesorarlo. En muchas ocasiones hacerle ver que puede recibir asesoría y servicio en cualquier otra sucursal del país (o del mundo) y leerle las cláusulas del contrato que así lo sustentan, es más que suficiente para resolver la no confianza en la sucursal. En otras (las más) se trata de una percepción (equivocada o cierta) respecto a la actitud del personal administrativo o de servicio de la sucursal, el cliente está muy a gusto contigo, pero no con el equipo de trabajo que está atrás de ti.

Nuevamente tu activo más sólido es la confianza que ya depositó en ti, y nuevamente el reto es apostar esa confianza por tu equipo o sucursal, claro, con la cautela de saber que puedes arriesgarla.

La última opción es comprometerte a que él no tenga que volver a pisar nunca más tu sucursal ofreciéndole un trato personalizado a través de ti, cosa que no en todos los giros se puede hacer.

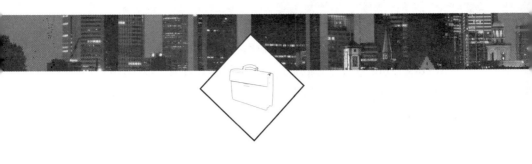

Monedas que compran confianza

Hemos establecido que después de la confianza en la marca lo más importante es lograr que el comprador haga depósitos de confianza en ti, en el vendedor, recordemos:

> Cuando el comprador confía en el vendedor, las demás áreas de confianza pasan a segundo término.

El punto es que comúnmente el tiempo que va desde que hacemos el primer contacto con el prospecto hasta que éste inicia el proceso de compra es cortísimo, tenemos, cuando mucho, unos cuantos minutos para lograr enormes depósitos de confianza si queremos estar a la altura cuando el cliente tome la decisión de comprar, si no lo hacemos, él comprará nuestra oferta... pero no a nosotros.

Piénsalo, ¿cuántos minutos pasan desde el momento en que el cliente entra a tu piso de venta hasta que ya está escuchando tu presentación del producto? ¿Cuántos desde que entras a su oficina en el primer contacto hasta que comienzas a explicar tu producto? ¿15?, ¿17?

¿Cómo lograr que el cliente establezca depósitos de confianza con un auténtico desconocido en tan poco tiempo?

Bien, la respuesta se divide en dos:

1. En el proceso humano de la compra el cliente establece confianza a través de rasgos subjetivos, usando su instinto y su intuición. No busca vivir experiencias de confianza contigo, no es necesario para él probarte, sino establecer un mínimo subjetivo de confiabilidad, sólo el necesario para decidir escucharte.

2. Para el cliente tú no eres un completo desconocido, eres un vendedor de lo que vendes (ya sea de seguros, teléfonos, autos medicinas, cosméticos, casas o lo que sea), y él tiene un concepto preconcebido de lo que debe ser un vendedor de ese "algo" que tú vendes, lo que debe saber, cómo se debe comportar, cómo debe vestir y qué lenguaje debe utilizar.

Lo que el cliente hará en esos escasos minutos entre el primer contacto y la apertura del proceso mental de compra es simplemente mediante la intuición, comparar su estereotipo de lo que debe ser un vendedor (de lo que vendes) con tu persona, y se afianzará de lo único que tiene por el momento, la percepción de ti, generará confianza a través de lo que de ti perciba (aun cuando esa percepción sea o no cierta). Entramos así a la importancia de la imagen del vendedor.

Si vas al mercado a comprar carne, ¿confiarías en la expertiz de un carnicero vestido con traje y corbata? ¿Qué me dices de la bata blanca que representa a un médico? ¿Podrías depositar tu confianza y tu vehículo en el taller mecánico que dirige un hombre en pantalón corto cuando éste ni siquiera se encuentra en una playa?

El estereotipo social de cada oficio establece una expectativa en la mente del comprador, luego entonces, y desde el punto de vista de la confianza, tu imagen debe proyectar una similitud mínima con lo que se espera que tú seas; dicen por ahí: "Antes de ser torero hay que parecerlo".

Puede ser que no estés de acuerdo, incluso que estés en franco desacuerdo con este concepto, puedes aseverar que tú eres todo un profesional sin importar tu vestimenta y te concedo razón, el hábito no hace al monje. El punto es que tu cliente está conociéndote, y desde la perspectiva de la confianza inicial, la que se establece en los primeros minutos del proceso entre dos desconocidos, lo único que gana confianza es con qué exactitud tu imagen y la percepción de ti en el cliente coincide con su estereotipo mental.

Tú necesitas que el prospecto te escuche, que abra sus oídos, pero, nos guste o no, para que el cliente lo haga primero deberás llenarle los ojos. Así pues, sin afán de decirte cómo debes vestir, a continuación me permito listar, en orden de importancia, algunas monedas que puedes intercambiar por confianza:

→ Actitud
→ Imagen física
  • *Higiene*
  • *Concepto preestablecido*
  • *Talla*
  • *Color*
  • *Tendencia*
→ Accesorios
→ Herramientas
→ Conocimientos
→ Compromisos
→ Trato y servicio

Actitud

Desde el punto en que lo mires la actitud será siempre lo más importante, para ganar confianza o para lo que quieras, no hay discusión. Piensa como comprador: ¿te gusta ser atendido por alguien con mala cara?, ¿con malos modos?, ¿disfrutas comprarle a alguien inseguro?, ¿lo haces?

La forma como caminas, sonríes, hablas o abordas una situación, lo mismo que la postura con la que tratas a un nuevo cliente, la posibilidad de servirle, de ayudarle a comprar y de analizar sus objeciones o dudas para profesionalmente disiparlas sin manipulación depende de tu actitud.

La actitud nace de tu autoestima, de qué tan seguro te sientes, de qué tan "a gusto" te sabes haciendo lo que haces, en este caso, vendiendo.

Conozco cientos de vendedores que no creen en su producto o servicio, y sólo lo representan en un acto autómata por ganar una comisión. Por supuesto, pueden tener resultados óptimos, y hasta vivir de eso, pero nunca, leíste bien, nunca, tendrán resultados extraordinarios.

Toda tu emocionalidad respecto a lo que haces y a cómo lo haces se transmite en el proceso de compra, y es percibido inevitablemente por tu comprador.

A todos nos gusta tener tratos con "el mejor", si tu hijo enferma, quieres llevarlo con el mejor pediatra, procuras revisar tu auto con el mejor mecánico y las amas de casa hacen las compras del autoservicio en el mejor establecimiento. Por supuesto que la decisión de quién es el mejor obedece a una mezcla de percepciones individuales, experiencias acumuladas e influencia de terceros, pero sin duda alguna al conocer a un profesional percibimos qué "tan bueno es".

Si no te has comprometido con tu producto o servicio al grado de creer y transmitir que es el producto correcto para tu propia vida, vaya, que en caso de necesitarlo lo comprarías, difícilmente tendrás éxito en la carrera y serás casi incapaz de generar confianza en un primer acercamiento.

Por supuesto, como mencioné en las primeras hojas del libro, muchas veces el problema no es el producto, sino el concepto de saberte vendedor, con todos los prejuicios que puedes tener de ti mismo al respecto.

Mi recomendación es: dedícate a vender un producto que tú mismo podrías comprar si tuvieras la necesidad y la economía para comprarlo. Cuando un agente de seguros no tiene un seguro de vida, inconscientemente sabotea las ventas de esos seguros, su cartera estará más abultada en pólizas de accidentes, autos o incendio. Lo mismo con aquellos que venden teléfonos celulares de una marca, pero usan otra, o bien recomiendan a sus clientes planes tarifarios, pero no se atreven a contratar uno para sí mismos, todas las objeciones que como consumidores se autoimponen para comprar su producto son transmitidas inconscientemente al comprador, generando, por supuesto, desconfianza. El cliente que aún tiene la necesidad del producto buscará comprar a otra persona.

Imagen física

Permíteme reiterar la sentencia: "Antes de que el cliente abra sus oídos deberás llenarle los ojos", y nuevamente te recuerdo: "Nos gusta ser atendidos por el mejor". La cuestión es que cuando conocemos por vez primera a un prestador de servicios, calificamos "quién es el mejor" a partir de percepciones e instinto.

Mientras que para un ama de casa el mercado de los miércoles es "la mejor" opción para hacer sus compras, para otra la tienda de autoservicio ofrece "mejores" condiciones, no es necesario hacerle un examen a los miles de pediatras y esperar los resultados para elegir al mejor, simplemente el que visitamos nos ha hecho sentir que lo es, al menos, en el nivel económico que podemos pagar, ya sea por su experiencia, por las referencias que tenemos de él, por los diplomas que ostenta y hasta por la colonia en que tiene su consultorio y la decoración e infraestructura con la que decidió equiparlo, o por la suma de todo lo anterior.

Y con todo, el conjunto descrito no es necesariamente un salvoconducto de que sea "el mejor" médico, vaya, hay charlatanes adinerados, pero la unión de todos esos elementos nos permiten depósitos de confianza para "probar" una primera vez. Lo que sin duda hará que sigamos consultando a ese médico será su eficacia, su tino al recomendarnos medicamentos, la eficiencia con la cual "le quita" enfermedades a nuestros hijos, su capacidad real.

Una vez que quedan de manifiesto sus resultados, deja de importarnos tanto la percepción física de él, incluso si en alguna ocasión lo encontramos dando consulta en ropa deportiva deja de ser importante porque ya ha demostrado su eficacia, lo significativo es que no sea el primer día. El adagio oriental versa: "Sólo tienes una oportunidad para generar una primera impresión", y ésa, nos guste o no, será la que perdure y cuente.

Hay algunos principios básicos que puedes considerar en tu imagen personal que no tienen nada que ver con tu economía, diría mi abuela: "No hay que ser rico para ser limpio y ordenado".

Higiene

Cualquiera puede "perdonar" que no estés bien vestido, pero ninguna hará tratos con alguien desaseado; tu cabello, tus manos, el cuello y puños de tu camisa, lo mismo que el planchado de tu falda o el brillo de tus zapatos son indicadores inequívocos del tipo de persona que eres, al menos a los ojos del comprador, y estarás de acuerdo conmigo, con mi tía y con mi abuela, no importa el nivel económico de una persona o lo caro de su atuendo, cualquiera puede ostentar una imagen higiénica y ordenada.

Por supuesto esta "moneda de confianza" aplica también a tus materiales, a tus folletos y herramientas, lo mismo que a tu portafolios y a la pluma que le ofreces a tu prospecto para firmar el pedido.

El peinado, las uñas, lo mismo que tu aroma corporal y por supuesto el de tu aliento serán puntos con los que ganes o pierdas posibilidad de depósitos de confianza.

Concepto preestablecido

Recuerda que, aunque nunca te haya visto en su vida, para tu prospecto no eres un ilustre desconocido, eres un vendedor de lo que vendes. Él, tu cliente, tiene preconcebido lo que debe ser y cómo debe comportarse un vendedor profesional de lo que vendes, luego entonces, tu imagen, tu atuendo, debe corresponder lo más exactamente posible a este prejuicio.

No quiero entrar a un asunto de clichés o libertades mal entendidas, si eres vendedor es porque no te gusta ajustarte demasiado a los protocolos, pero hablamos sólo desde el punto de vista de la confianza, más específicamente de la confianza en los primeros minutos de la relación humana.

Si al vendedor de servicios financieros le gustan las pulseras de estambre y se aferra a su uso como parte de su personalidad y atuendo, no tengo nada en contra, por mí, que se forre de estambre y de chaquira, simplemente afirmo: con un cliente de primera vez pocas serán las posibilidades de "comprar" confianza a través del uso de esos accesorios.

No pretendo establecer el decálogo de lo que "debes" o no hacer, sólo aconsejarte, en la medida de lo que cabe, cómo sí ganas esa confianza en los primeros minutos de la relación, cómo la pierdes y cómo la aumentas.

Imagina que el vendedor de lo que vendes fuera personaje de una obra de teatro, pero lamentablemente al guionista se le ha ocurrido que este personaje sea mudo. Supón que tú eres el encargado del vestuario, lo que buscas es que tu auditorio identifique claramente qué hace este personaje, qué vende y qué tan exitoso, que tan "el mejor" es en lo que hace, ¿qué atuendo le pondrías? Si fueras el director de escena, ¿qué tipo de movimientos y ademanes le marcarías al actor que lo interpreta?

De eso se trata el "concepto preestablecido". Viste a tu personaje, hazlo caminar y comportarse lo más cercano posible a lo que tu cliente tiene en la cabeza.

En el concepto preestablecido debes ser cuidadoso al contextualizar claramente el entorno en que te vas a desenvolver, ya que éste establece el tipo de concepto que tiene tu cliente, es decir, tu atuendo se comunica como un lenguaje independiente, debes cuidar lo que expresas con tu atuendo. Si bien es cierto que de un vendedor de servicios financieros esperas un atuendo profesional (traje y corbata) lo es también que si está visitando a un cliente en la central de abastos de la ciudad esa ropa generará distancia entre el vendedor y el comprador, luego entonces, tendríamos que preguntarnos: "¿Cómo viste un profesional en servicios financieros cuando va a una central de abastos?" Seguramente habrá un cuadro común, pero pequeñas variaciones son de esperar en el prospecto abarrotero, seguramente dejará el saco y la corbata en el auto (sobre todo si la siguiente cita es con un empresario corporativo).

Talla

En la oficina de una colega consultora especialista en diseño de imagen hay un letrero que nunca pasa inadvertido: "Vestir bien y vestir caro son cosas distintas". Nada más cercano a la realidad, puedes comprar un atuendo de siete mil dólares y estar perfectamente mal vestido.

Los especialistas opinan que lo más importante de un atuendo es elegir la talla correcta, no hay, pues, ropa tan cara como la que no te queda. Tan sólo una pulgada de más o de menos en tu cintura, en el largo de las mangas del saco, unos cuantos centímetros de más o de menos en el cuello de la camisa hacen la diferencia.

Color

De acuerdo con los expertos, la ecuación entre el color de tus ojos y la tez de tu piel logra que determinados colores te hagan lucir mejor que otros, este no es el libro adecuado para profundizar en el asunto. Pero no quiero perder la oportunidad para invitarte a leer la bibliografía especializada y disponible al respecto, o mejor aún, a someterte a un estudio de color, te sorprenderán lo corto de la inversión y lo alto de los resultados.

Tendencia

La tendencia de la moda es un elemento que debes incluir en el diseño de tu personaje, pero no la moda, al menos para el asunto de lograr confianza. Si revisas las pasarelas, masculinas o femeninas, encontrarás diseños extravagantes y en suma vanguardistas; a no ser que vendas moda, mi recomendación es que no la uses para vender.

Recuerda el concepto preestablecido que de tu personaje tiene el cliente, ¿encaja ese saco a ocho botones en la imagen preconcebida de un vendedor de autos? Lo más seguro es que no.

Cuando digo "tendencia" me refiero a las generalidades que de la moda te hacen lucir actual de acuerdo con tu personaje, pero sin llegar a invadir limites estrafalarios. La elección entre saco recto o cruzado, pantalón o falda, determinados colores o accesorios.

La mejor ayuda práctica que te puedo ofrecer al respecto es: compara a tu personaje con las personalidades de la televisión, por supuesto, con aquellas que entren en su dimensión.

Comúnmente las grandes personalidades, sobre todo las serias, los conductores de noticieros, por ejemplo, viven de su credibilidad, es decir, de qué tanto se les puede creer, o dicho de otra forma, de su confiabilidad, de qué tanto se puede confiar en ellos; con esta premisa invierten miles de pesos en expertos que les ayuden a diseñar su imagen considerando justo eso, la tendencia de la moda en la actualidad, así pues, y dejando de lado los colores que usan, el tipo de prendas con las que se presentan en la pantalla es una excelente referencia de qué está permitido… y qué no.

Accesorios

Los accesorios son tal vez la parte más importante de tu personaje, y más durante esta etapa "gana confianza". Y es que los accesorios son añadidos que decides tú, son opcionales.

Déjame ser más claro, tú no puedes salir a la calle sin pantalón o sin falda, no puedes decidir no ponerte una camisa y salir a trabajar, pero sí puedes no usar ningún accesorio y socialmente no tendrás problemas. Si no quieres usar reloj nadie lo notará, lo mismo con los demás accesorios, puedes decidir no usar cinturón, anillos, aretes, lentes, etc., y socialmente seguirás estando "bien", luego entonces, los accesorios que utilizas son invariablemente un reflejo claro y directo de tu personalidad, ya que su uso implica una decisión consciente de tu parte.

Si, por ejemplo, gustas de usar una pluma cara y "buena", estás transmitiendo ese rasgo de tu personalidad, si se trata de una pluma de plástico meramente funcional y práctica, eso me transmite tu pluma de ti, que eres práctico y funcional.

Lo que nunca te debes permitir es usar imitaciones o falsedades. Si tu economía no te permite comprar un bolígrafo de ochocientos dólares y deseas mucho usarlo… ponte a vender e incrementa tu economía, mientras tanto no te permitas la imitación de ocho dólares del mercado callejero, ya que me estarás diciendo con tus accesorios eso mismo: que eres una imitación de baja calidad, que intentas engañarme hasta con la pluma que usas o, por supuesto, con cualquier otro accesorio.

Herramientas

Tu auto sufre una pinchadura de neumáticos, al llegar con el vulcanizador y después de arreglar el negocio, escuchas que le dice a su ayudante algo así como: "Perdimos la cruceta, pero no importa, pásame un mazo y un cincel para sacar los birlos". ¿Dejarías tu auto en ese taller? ¿Estarías dispuesto a abrir la boca frente a un dentista cuyo taladro se atora notablemente? ¿Qué opinarías si estando en la mesa del quirófano, antes de dormir por los efectos de la anestesia, alcanzaras a escuchar al médico: "¿Cómo?, ¿nadie trajo el bisturí del 8?, ¡me lleva!"

En estos momentos del proceso de compra, una moneda que logra confianza son tus herramientas, su orden, su disposición, pero sobre todo… su existencia. Son muchos los casos en los que el vendedor pide prestada la calculadora al cliente para hacer la cotización, la pluma, una hoja de papel o cualquier otro elemento. ¿Podrías confiar en un profesional así?, ¿podrías siquiera verlo como profesional?

Sin duda alguna el comprador no sabe a ciencia cierta qué herramientas debes traer contigo, pero sí se da cuenta cuando no las traes, cuando las traes en malas condiciones o simplemente cuando no las sabes utilizar. Por supuesto, son barreras que impiden que te dé su confianza.

Lo mismo aplica con la condición general de todas las "monedas de confianza", un comprador podrá tal vez, y reitero, tal vez, perdonar que hayas olvidado la calculadora, pero no te perdonará que tu portafolio este sucio, sin higiene y sin orden, estas condiciones son un anuncio del tipo de persona que eres, y el cliente no te revisa, ¡te escanea! antes de confiar poco a poco en ti.

Conocimientos

Algunos me preguntan en mis seminarios presenciales por qué dejó los conocimientos hasta la quinta posición de las monedas que compran confianza. Realmente nunca es necesario que conteste la pregunta, ya sea algún otro participante en el salón o el mismo que hace la interrogante después de unos cuantos segundos intuye la respuesta:

> Para que el cliente sepa cuánto sabes necesita escucharte, para escucharte necesita abrir sus oídos, y para que abra sus oídos necesitas haberle llenado primero los ojos.

Si la cuestión de la imagen de tu personaje no coincide con la preestablecida en la mente de tu cliente, si está sucio, desaliñado y no transmite la suficiente confiabilidad, el cliente nunca podrá juzgar la cantidad y la calidad de los conocimientos que tienes, te habrá descartado mucho antes de que empieces siquiera con tu presentación del producto, fingirá escucharte y difícilmente te dará información cuando pretendas establecer sus necesidades, vaya, hará lo posible por "batearte" rápido y deshacerse de ti.

¿Nunca te ha sucedido que desde las primeras preguntas de acercamiento tu cliente está mucho más cerrado de lo habitual? Revisa lo que está proyectando tu imagen, ésta te permite o imposibilita "pasar" al siguiente nivel de confianza.

Cuando ya pasaste por el trance visual y el cliente ya confía lo suficiente en ti para escucharte, tus conocimientos son la diferencia entre continuar con el proceso o desencantarse. Y es que se supone que si te dedicas a vender lo que vendes... sabes más que el cliente de tu producto, o debes saberlo.

Tú estás ahí para asesorarlo, para ayudarle a comprar, no para venderle. El producto que ofreces se lo compra a la compañía para la cual trabajas, lo que tú le estas vendiendo directamente, cara a cara, es justo tu conocimiento y asesoría respecto al producto que manejas. No hay forma de confiar en un vendedor de seguros que no conoce a fondo el clausulado de la póliza, repruebas a un vendedor de autos que no sabe explicarte el torque de este nuevo modelo, lo mismo que rehúyes a aquel vendedor de celulares que ignora cómo programar el teléfono y casi puedes vomitar frente al especialista en casas que no sabe cuántos metros de terreno tiene la que te pretende vender.

Como comprador no te sentirías cómodo con ninguno de ellos, luego entonces, cuando mucho, compras el producto, pero no al agente, esto es, llegas al proceso de la decisión "quiero este auto", pero en el proceso de la acción el cliente piensa: "Pero se lo compraré a alguien que sí sepa de él".

En estos últimos quince años de seminarios y talleres presenciales, el reproche que más hago a los grupos de ventas es este: "Vives de la venta de tu producto, de este negocio pagas la renta, los servicios y la alimentación de tu familia, lo mismo que las colegiaturas de tus hijos y todos tus caprichos, ¿por qué no dedicas unos cuantos minutos diarios a actualizarte en cuanto al conocimiento del producto o servicio que te permite vivir?

Compromisos

Seguimos "comprando confianza", y si el cliente te ha permitido en su mente llegar a este punto es porque con todas las monedas anteriores has logrado, en pocos minutos, abrir la cuenta y varios depósitos iniciales. Si ya exhibiste tus conocimientos y has llegado a la instancia de los compromisos tienes una excelente oportunidad, el cliente ya te otorgó abonos de confianza, ahora hay que mantenerla y acrecentarla.

Desde el punto de vista del cliente la confianza es una previsión del futuro, él se pregunta: "¿Qué tan cercana será la realidad cuando la promesa de este individuo tenga que materializarse en hechos?", y más aún: "Cuando este vendedor cierre la venta y se vaya, ¿qué tan a gusto estaré con la compra que hice?"

Por esto me atrevo a aseverar que una vez que abrió la cuenta de la confianza es tu obligación hacer en ella depósitos de "seguridad", tu objetivo es acrecentar con tu conducta los depósitos de confianza que el cliente ha hecho, y la única forma de valorar su futuro es a través del pasado y del presente de la relación que está haciendo contigo.

La condena cotidiana "Si me mentiste una vez podrás volverme a mentir" también aplica para la verdad: "Si me has dicho la verdad en todo, lo más probable es que me sigas diciendo la verdad". Una pequeña mentira es sinónimo de un gran retiro de confianza, y como la cuenta aún es incipiente, este retiro prácticamente la deja en ceros, o bajo ceros.

Te recuerdo que aún estamos en los primeros minutos de la relación entre un desconocido y el vendedor… ¿Es posible hacer compromisos y cumplirlos en unos cuantos minutos?, por supuesto que sí, aunque debo resaltar, que en esta etapa no basta con "poner el huevo", hay, también que "cacaraquearlo".

Compromisos cumplidos:

Sr. Pérez, tal como acordamos telefónicamente nuestra cita es a las 8:00 en punto, y aquí estoy a sus órdenes.

Le pedí exactamente doce minutos para explicarle mi producto y han terminado, a partir de ahora todo el tiempo de más en nuestra entrevista es para aclarar sus dudas.

Le prometí explicarle en forma sencilla y sin tecnicismos, ¿hasta aquí hay algún concepto que no haya quedado claro? Mi obligación es disipar todas y cada una de sus interrogantes y de asesorarlo para que usted tome la decisión más conveniente.

En estos ejemplos no sólo te estas comprometiendo a algo, sino que además de cumplir tu promesa en forma sutil estás haciendo notar su cumplimiento.

Por supuesto que son muchos más los compromisos que puedes establecer y cumplir pensando en una segunda cita, desde la puntualidad hasta una lista detallada de sus inquietudes, dudas o solicitudes; mi recomendación es que hagas esa lista frente a tu cliente por escrito, y al final de la primera cita la recapitules en voz alta:

Quedamos en que el próximo martes le hablaré para confirmar nuestra próxima cita del miércoles.

En esta cita debo traerle el segundo muestrario.

Aclarar el financiamiento a doce meses que me ha solicitado.

Consultar con mi gerente y responderle con certeza la disponibilidad del color rojo que me ha solicitado.

Etcétera.

Recuerda que en la siguiente cita no es importante sólo cumplir a cabalidad cada uno de los compromisos que estableciste, sino anunciarlos sutilmente. Es muy probable que para la próxima semana tu cliente ya ni siquiera recuerde con exactitud a qué te habías comprometido, si no se lo recuerdas, aunque cumplas tus compromisos esta conducta no será percibida, por lo que no habrá depósitos de confianza en la cuenta.

Por supuesto, nunca debes asegurar algo que no tengas la certeza de poder cumplir, si no está en tus manos la autorización del crédito no te comprometas a autorizarlo, promete, sí, hacer todo lo necesario para que las cosas sucedan, y hazle ver claramente a tu cliente hasta dónde llega la frontera de tu compromiso.

Trato y servicio

La última moneda que controlas como vendedor para comprar confianza es el trato y servicio, incluso el valor agregado que demuestres a tu cliente. Digo la última que está en tus manos porque la eficacia del producto no necesariamente depende de ti, pero demos por sentado que tu producto hace lo que promete y soluciona las necesidades de tu cliente.

"Se puede llegar al mismo destino por diferentes caminos, en alguno el paisaje será más cautivador". El trato, la forma en que cuides la relación humana que estas estableciendo con tu nuevo cliente, la cantidad de pequeños detalles, la actitud de servicio respaldada con la conducta de servicio más exigente que te puedas imponer, harán una enorme diferencia en tu éxito en ventas.

Independientemente de tu nueva investidura como "gerente de compras de tu cliente" que sin duda alguna va a sorprender a más de un prospecto, exígete a ti mismo un comportamiento cotidiano de altos vuelos.

No basta pensar: "¿Cómo me gusta ser tratado cuando compro?", y tratar de la misma forma a tus clientes, aunque es un excelente inicio, hay que llevar las cosas al terreno del cliente, de la otra persona: " ¿Cómo le gusta al señor Martínez (y no a mí) ser tratado cuando compra algo?", y hacer lo posible por llenar y superar su expectativa.

Recuerda que no eres el único vendedor de lo que vendes, la competencia es brutal, hay más de cincuenta mil vendedores de seguros registrados en este país, aproximadamente cuarenta mil representantes farmacéuticos, cerca de cuarenta y cinco mil vendedores de autos, más de treinta mil vendedores de teléfonos celulares, algo así como ochenta mil vendedores de casas y servicio inmobiliarios, aproximadamente novecientos cincuenta mil personas que ofertan algún multinivel y más de dos millones de personas que complementan su economía vendiendo algo por catálogo. Todos tienen metas, todos deben pagar la renta, todos dependen de las ventas para alimentar a su familia.

La diversidad de marcas y compañías que comercializan el mismo producto es abrumadora, y hay que decirlo con orgullo, la mayoría con excelente calidad. Por citar un mero ejemplo, hoy casi cualquier coche podría ser casi de cualquier marca, los avances tecnológicos y la maestría en el detalle hacen que la competencia ya no esté en el producto, sino en las personas que lo respaldan. Esto es un poco como las carreras de autos: la verdad es que cualquier auto tiene la tecnología para cruzar la meta en primer lugar, la diferencia, las más de las veces, la hacen el piloto y el equipo en los *pits*.

¿Cuáles son tus diferenciadores como profesional en las ventas? ¿Por qué debo comprarte este producto a ti y no a cualquier otro vendedor? ¿Qué me ofreces como valor añadido que no me da otra persona, incluso de tu misma compañía?

Cuando logras cautivar a tu cliente con tu trato y tu servicio personal, estas auténticamente invirtiendo en confianza; aun cuando tu producto no se ajuste a sus necesidades actuales habrás ganado una relación de negocios, ten por seguro que cuando necesite tu producto te buscará.

Una muestra de qué tan bien estás haciendo tu trabajo es cuando el cliente no te compra el producto, pero te ofrece trabajo en su compañía, sinónimo de que en este momento no necesita tu producto, que encontró otra opción más adecuada, pero que le cautivaste como profesional. Cuando esto te suceda "invítate a ti mismo a cenar" y festeja, porque es claro que estas haciendo las cosas bien. "Antes de comprar tu producto el cliente te compra a ti, primero como profesional y luego como persona."

Las ventas son una carrera de fondo, de resistencia, no de velocidad. Independientemente del producto que vendas, has lo necesario para convertirte en una persona confiable, con la que la gente guste de hacer tratos hoy o en un futuro cercano.

Recapitulando:

1. La confianza es una cuenta emocional, cuesta mucho trabajo "ahorrar", pero es muy sencillo hacer un gran retiro y dejar la cuenta vacía.

2. La historia emocional del comprador lo ha enseñado a desconfiar, será cauteloso y usará todos sus sentidos, su instinto e intuición para calificar si puede o no confiar en el nuevo vendedor.

3. No obstante, al ser humano le gusta establecer relaciones basadas en la confianza, cuando un comprador confía en su vendedor perdonará errores y lo mantendrá en sus filas por mucho tiempo.

4. No es lo mismo "no confiar" que "desconfiar".

5. El comprador debe desarrollar confianza en cuatro áreas antes de iniciar el proceso de compra: la marca, el vendedor, el producto y la agencia o sucursal.

6. Lo más importante es desarrollar confianza en el vendedor, si el comprador confía en ti todas las demás áreas de confianza pasan a segundo término.

7. Puedes "apostar" la confianza que ya tienes en ti para disminuir el impacto de la no confianza en otras áreas.

8. Para lograr confianza entre desconocidos en pocos minutos el cliente evaluará tu imagen a través de lo que proyectas y generará una percepción de ti, la cual comparará inconscientemente con lo que él espera del prototipo de un vendedor de lo que vendes.

9. A todos nos gusta ser atendidos "por el mejor", y esta condición tiene que ver con tu autoestima, tu seguridad y el compromiso que transmites con el producto o servicio que vendes.

10. Procura vender un producto o servicio que tú mismo comprarías en caso de requerirlo y de tener el dinero necesario para hacerlo.

11. Antes de que el cliente abra sus oídos deberás llenarle los ojos, he aquí la enorme importancia de la imagen personal del vendedor.

12. Te guste o no, si diseñas un atuendo específico con el que transmitas lo que de ti se espera tendrás mayores posibilidades de obtener depósitos de confianza en la relación con tu prospecto.

13. Después de tu persona debes cuidar la higiene, organización y existencia de cada una de las herramientas que necesitas para tu trabajo.

14. ¿Confiarías en un dentista cuyo taladro claramente se atora?

15. Tu economía completa, tu estilo de vida depende en absoluto de la cantidad de ventas que logres. Si vives de tu producto o servicio, ¿por qué no dedicar quince minutos diarios a estudiar, actualizar y acrecentar tus conocimientos sistemáticamente?

16. Una vez que el cliente abre una cuenta de confianza contigo, tu obligación es conservarla y acrecentarla a través de tus conocimientos, de tus compromisos cumplidos y del trato y servicio.

17. No basta con poner el huevo, "hay que cacaraquearlo" sutilmente.

18. Jamás te comprometas a algo que no tengas la certeza de poder cumplir.

19. No eres el único vendedor de lo que vendes, hay miles, y todos quieren pagar la colegiatura de sus hijos.

20. Casi cualquier coche podría ser de casi cualquier marca, como en las carreras de autos, la diferencia está en el piloto y en su equipo de *pits*.

21. ¿Por qué debería comprar tu producto a ti y no a cualquier otro vendedor, incluso de tu misma empresa?

22. "Antes de comprar tu producto el cliente te compra a ti, primero como profesional y luego como persona."

23. Las ventas son una carrera de fondo, de resistencia, no de velocidad. Independientemente del producto que vendas, has lo necesario para convertirte en una persona confiable, que la gente guste de hacer tratos contigo hoy o en un futuro cercano.

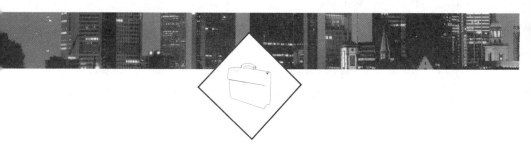

El cierre durante el proceso de compra

Durante todo el libro hemos establecido una nueva postura para abordar el "cara a cara", alejarnos del proceso y las técnicas tradicionales de venta y acercarnos al entendimiento de cómo es que la gente compra. No podemos más que afirmar que el nuevo protocolo de "su gerente de compras" aplica perfectamente igual para el momento del cierre de la venta.

No es difícil observar en mis seminarios presenciales que los nuevos equipos de ventas capacitados con *No me vendas...* salgan en los primeros días incluso confundidos, el impacto que la nueva información causa en la estructura de sus viejos paradigmas es brutal.

Sus añejadas técnicas manipuladoras les han permitido casi todos los resultados (buenos o malos) que han tenido en su carrera, y aun cuando hay un entendimiento claro, fundamentado y lógico de la nueva postura necesaria para abordar el proceso de compra, hay resistencias que prevalecen y que se hacen sentir comúnmente cuando el proceso se aproxima al momento del cierre. En sesiones de seguimiento con frecuencia escucho comentarios de mis capacitandos: "Helios, sentí que la toma de contacto fue completamente suave, maduró la relación, establecimos el clima adecuado con el prospecto, él en verdad sentía que yo era un asesor especializado y yo me sentí así; al final, cuando quise aplicar "el doble alternativa", todo, como si hubiese sido un espejismo, desapareció, me encontraba con un sujeto cerrado, inseguro y casi hasta agresivo, me pidió que le llamará la próxima semana, ¿crees que tenga "No prisa?".

Le salió barato, bien pudieron haberle dado una patada en el trasero en ese mismo instante. Por supuesto que en este caso nuestro prospecto no tiene ninguna enfermedad, ni "No prisa", ni ninguna, solamente reaccionó de la forma más natural, se cerró de manera rotunda ante un embate manipulador perfectamente bien instrumentado.

Y es que la postura del "gerente de compras" no se lleva con las técnicas de cierre, antagonizan por diseño. No podemos pretender profundizar en el proceso de compra, investirnos como el gerente de compras, como el asesor de confianza del cliente, y "disparar" con nuestra antigua escopeta un intento de cierre basado en técnicas de ayer.

Aunque toda la sesión el vendedor haya establecido la conducta y la postura correctas, de manera profesional, y sobre todo autentica, ese solo intento de cierre (burdo para mi gusto) hace sentir al comprador que la asesoría era una máscara profesionalmente pintada para ahora, con técnicas renovadas, ser manipulado; te sitúa como un charlatán, muy profesional, pero no como vendedor, sino como charlatán, vaya, realizaste de golpe un gran retiro en la cuenta emocional de la confianza.

No es mi deseo ser duro en este ejemplo ni lo soy con mis vendedores en curso, es hasta cierto punto normal. Estamos tan deseosos de completar el círculo, hemos aprendido tanto que hay que lograr el cierre cuanto antes y aprendido que el fin justifica los medios, que no importa demasiado lo que digamos, lo que prometamos o en qué apuros nos metamos en aras de salir con un cheque en la mano y una solicitud firmada, y repito, es tan impactante esta nueva información para la estructura de nuestra práctica pasada que tomamos "lo bueno" del modelo, pero regresamos a nuestras técnicas de ayer, porque son en las que confiamos.

Es cierto, si durante el proceso de compra no haces bien tu trabajo como asesor, muchas ventas "se te van a escapar" con técnicas o sin ellas, pero la premisa es que no necesitas ejercer presión de más para que después del proceso completo el cliente actúe. ¿Recuerda las premisas de los capítulos iniciales?, estás acostumbrado a presionar al prospecto a actuar, cuando ahora debes ayudarle a decidir. La acción de compra queda como responsabilidad absoluta del comprador, limpiamente, sin presión y sin manipulación.

¿Realmente crees que si hiciste bien tu trabajo como asesor y el cliente te pide dos días para pensarlo la venta se te caerá? Lo dudo, es más... lo dudo mucho. Y subrayo, "si hiciste bien tu trabajo"; si hay algo que aún no queda claro, algún elemento faltante, alguien a quien consultar o si está simplemente contagiado de "No prisa" o "No confianza" y te pide tres días para pensarlo, es muy probable que se te vaya, ese negocio, pero no será por dejarlo "abierto", sino por falta de asesoría. Insisto, si hiciste bien tu trabajo, estuviste de su lado, brindaste la información en tiempo y forma, le ayudaste a comprar auténticamente como un gerente de compras, cuando él esté listo para actuar... te llamará.

Puede ser incluso que en tu labor le hiciste ver que tu producto no es el que mejor se ajusta a sus necesidades (cosa que haría un gerente de compras), hasta llegar a la conclusión de no comprarlo, condición que afecta tus intereses inmediatos, pero te puedo asegurar, puedo apostar 1000 a 1 que si abordaste el tema con la actitud aquí descrita, y quedó no sólo claro, sino entendido que tu producto o servicio es la mejor opción para él, cuando esté listo para actuar "actuará" contigo.

"Tan rápido como logres cerrar, termina la plática y sal de su oficina", era el lema de uno de mis maestros de ventas cuando empezaba mi carrera, y remataba: "No le des tiempo de pensarlo dos veces o lo perderás" y funcionaba... hace veinte años. Hoy el cierre del negocio es una consecuencia lógica, derivada de un proceso profundo de asesoría en el que ambos llegan a un acuerdo, establecen compromisos y obtienen información "limpia".

Llévalo a otra dimensión. Pensemos que encuentras a un ser humano que te atrae como pareja, le invitas un café y durante semanas o meses haces todo el proceso de seducción (muy similar al de venta... o al de compra), en qué momento le preguntas: "¿Nos casamos el viernes o el sábado?, ¿en la mañana o por la tarde?". En una relación sana, entre adultos y sin manipulación, no hay cabida para técnicas de cierre ni manipulaciones, no aceptará casarse contigo porque "te aventaste a cerrar", si te contestara "El sábado por la mañana", no fue por "el doble alternativa" que aceptó, de cualquier forma iba a aceptar.

¡Claro que hay que invitar al prospecto a la acción de compra!, pero cuando estamos seguros de que hicimos el trabajo correcto y de que ya tomó la decisión de compra. Si el proceso fue el adecuado para ambas partes, una, generalmente la masculina, buscará el mejor momento para arrodillarse y decir sujetando una sortija: "Te propongo que te cases conmigo y me hagas el hombre más feliz de la Tierra". Está solicitando el cierre, invitando a la acción, pero como consecuencia lógica y natural de todo un proceso previo (sin importar cuanto tiempo les lleve el proceso, tres días u once años, la velocidad la marcan ambos protagonistas).

Tampoco hay demasiado espacio para las tan temidas objeciones. ¿Imaginas?: "Está bien, nos casamos el viernes por la tarde, pero, ¿podrías aclararme lo de tu enfermedad hereditaria?, ¿me aseguras que nunca llegarás tarde y borracho?". Si la dama "quiere comprar" y acepta, lo hará con objeciones, sin objeciones o a pesar de las objeciones, el proceso de decisión ha concluido, comprará (aceptará casarse) aunque su madre le demuestre que el novio tiene hepatitis B y le haga notar que todos los estudios de la industria farmacéutica pronostican que con su tipo de sangre tendrá hijos idiotas... se casará.

Olvídate, pues, de guiones, de manipulación y textos prediseñados tipo merolico, establécete auténticamente del lado de tu cliente, no le vendas... ayúdale a comprar; céntrate en la decisión de compra, te puedo asegurar que cuando el cliente la asuma no hay poder humano que detenga la acción de compra, tu cliente comprará, con dinero o sin él, con permiso o no de su esposo, con crisis o sin ella, lo hará hoy o en el futuro, pero lo hará.

Si "te crees" la postura de su gerente de compras, auténticamente sentirás que no necesitas técnicas de cierre, potencializa la situación como real: Si en realidad ese fuera tu puesto, si tu recibo de nómina ostentara un gran sueldo como gerente de compras de tu cliente, ¿de verdad crees que necesitarías técnicas para recomendar a tu director la adquisición de lo que vendes?

El cierre, repito, se da como una condición natural, derivada del entendimiento del cliente y de la información del vendedor. Tu materia prima y tu mejor herramienta es la información, el conocimiento experto que tengas de tu producto, de tu negocio y la sensibilidad para entender las necesidades abiertas u ocultas de tu prospecto.

Digamos, sí, que a muchos clientes que ya tienen la decisión de compra tomada les cuesta un poco de trabajo llegar a la acción, sus temores, sus experiencias pasadas les dificultan actuar libremente. Digamos, sí, que en ese momento necesitan más aún de tu ayuda, que sientan un auténtico respaldo en ti, en tu producto y en tu compañía, es normal que en este último momento del proceso haya síntomas de "No confianza", pero si los hay, no serán solucionados usando técnicas de cierre, sino regresando en el proceso al momento justo en que tu cliente se perdió en la confianza.

Hay "algo" en la mente del cliente que no le autoriza del todo llegar a la acción, tendrás que regresar por tus propios pasos e investigarlo, y al encontrarlo... solucionarlo como su gerente de compras.

Recapitulando:

1. La nueva información de *No me vendas* romperá paradigmas y estructuras en tu mente, aunque conscientemente estés de acuerdo con el concepto, inconscientemente buscarás "acelerar" el cierre con técnicas aprendidas en el pasado.

2. La postura del "gerente de compras" es antagónica a la aplicación de técnicas de cierre.

3. El cierre debe darse como una consecuencia lógica, natural, casi llega por sí sola cuando el proceso ha sido el correcto.

4. Estabas acostumbrado a presionar sobre la acción de comprar, hoy tu enfoque está en ayudarle en el proceso de la decisión de compra.

5. Cuando el cliente toma la decisión de comprarte, casi no hay poder humano que se interponga… te comprará.

6. En las ventas, como en los noviazgos, el matrimonio, la firma del contrato, es una consecuencia lógica, derivada de un proceso; por mucho que presiones un cierre, si éste no está claro en la decisión del comprador, terminará por cancelarte después.

7. Si realmente te crees la postura de su "gerente de compras", caerás en cuenta de que no hay espacio para técnicas de cierre.

8. Por supuesto que hay que invitar al cliente a la acción, sobre todo cuando detectas que hay una inseguridad que le hace flaquear, pero más que ocultarla con un ardid técnico debes encontrar su origen y aclararla antes de que abiertamente concretes el negocio.

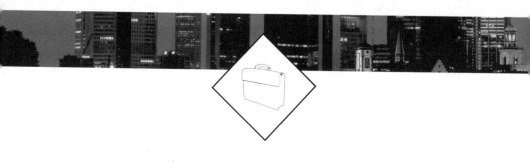

Las objeciones

Hay dos grandes bandos respecto a la opinión que sobre las objeciones se tiene en el mundo de las ventas. Los muy novatos les temen, sienten que "todo iba muy bien hasta que el cliente manifestó una objeción", los más veteranos hasta se regodean, entienden que, si el cliente demuestra una objeción, es un síntoma de claro interés.

La postura desde el modelo de *No me vendas* es también ambivalente, sin duda algunas de las objeciones son mitad una cosa y mitad otra. Por supuesto, son interpretadas como razones, motivos o pretextos del comprador para no comprar, obstáculos entre el proceso y el cierre. Pero no siempre son eso, digamos que hay dos tipos (sólo dos) de objeciones: reales y falsas.

Cuando nos encontramos con una objeción falsa podemos aseverar que el vendedor intentó vender, ejerció su poder de venta e incomodó al comprador, éste inventará cualquier cantidad de pretextos, muchos de los cuales hasta sonarán lógicos, para sacudirse al molesto vendedor persistente. Esta condición sucede frecuentemente cuando se vende a través del proceso de venta; por el contrario, cuando hemos abordado el caso desde el proceso de compra, y con la postura de "su gerente de compras", la mayoría de las objeciones son reales. Pero aclaro: no estoy diciendo que el cliente no desee comprar, estoy diciendo que las objeciones bajo este modelo son razones, motivos o pretextos para no hacerlo.

Recordemos la velocidad del proceso de compra: por un lado el cliente debe, primero, llegar a la decisión de compra, por otro el vendedor está demasiado ocupado en llevarlo a la acción de compra.

La mayoría de los compradores hemos aprendido a dar objeciones al vendedor un poco para "entretenerlo" mientras nuestro cerebro está ejecutando el proceso de la decisión, sabemos que una buena objeción desencanta a cualquiera en su intención de cerrar, luego entonces, mientras el vendedor se "enfría" y "baja la guardia" tratando de encontrar argumentos efectivos a nuestra objeción, nosotros (el comprador) tenemos tiempo de analizar con calma la propuesta. En este escenario, la argumentación que dé el vendedor realmente carece de importancia, las más de las veces ni siquiera es escuchada o tomada en cuenta.

Por otro lado, durante el proceso de la decisión (que es el más importante), es muy normal que el cliente tenga dudas, "razones, motivos o pretextos" que le impiden la toma de decisiones. Puedo asegurar que más de 90% de las objeciones de un comprador tienen que ver con una o varias de las "cuatro epidemias" que analizamos en capítulos anteriores, la tarea del vendedor radica en detectar si son falsas o verdaderas.

Si detectas que son falsas no pierdas tiempo, trata de identificar cuál es el motivo real que está deteniendo el proceso en la mente del cliente; si percibes que son verdaderas asócialas a la posible "enfermedad" que las genera, ya que si solucionas la objeción, pero no su contexto, estarás "curando el estornudo y no el "resfrío", seguramente minutos después volverás a recibir una objeción motivada por la enfermedad del cliente.

En páginas anteriores, cuando hablamos de "¿Por qué la gente no compra?", te propuse una lista de "lo que te dice el cliente para no comprar", vaya, de las objeciones que recibes. ¿Qué pasaría si la volvemos a revisar con el conocimiento de las cuatro epidemias?:

Objeción	Posible enfermedad
→ No tengo dinero.	→ Comúnmente es falsa
→ Déjame pensarlo.	→ No prisa
→ Lo voy a consultar con...	→ No confianza
→ No me interesa.	→ No interés
→ Está muy caro.	→ No interés
→ Háblame en dos semanas.	→ No prisa
→ Tu producto no me sirve (aunque tú estás cierto de que sí soluciona su necesidad)	→ No confianza → No interés → No necesidad
→ Déjame pensarlo y yo te aviso.	→ No prisa
→ Mi jefe no me autorizó.	→ Puede ser cierto
→ Implicaría hacer un cambio en mis sistemas.	→ Puede ser cierto

Tú apuntaste otras en tu propia lista, ¿cómo las calificarías?

Objeción	Posible enfermedad

Como puedes ver, más de 90% de las objeciones de un cliente están motivadas por alguna o varias de las cuatro epidemias del comprador, una vez más la tarea es establecer si son reales o no.

Una forma que te permite avanzar en el proceso e identificar la veracidad de las objeciones es aislarla. En mis seminarios propongo el uso de lo que llamo "la pregunta mágica", y la llamo así porque pareciera que por artificios mágicos cambia objeciones por negocios. Cualquiera que sea la objeción, falsa o verdadera, puedes aislarla de la siguiente manera:

1. ¿Cuál es el principal motivo para no comprar este producto o servicio?

   R = Cualquier objeción falsa o verdadera.

2. Si solucionamos ese detalle, ¿estaría interesado en adquirir mi producto?

   Obtén una respuesta concreta: SÍ o NO.

Si la respuesta es "SÍ", abócate a resolver "ese detalle" que le está estorbando, si la respuesta es "NO", haz caso omiso de su objeción, ya que es falsa 100%, y vuelve a preguntar: "Entonces, ¿cuál es el principal motivo para no tomar la decisión?, ¿qué le está incomodando?", y nuevamente (con sutileza) "Si solucionamos ese detalle (la nueva objeción), ¿estaría interesado en adquirir mi producto?" Nuevamente busca una respuesta concreta: SÍ o NO.

En mi experiencia, y con la estadística de cientos de vendedores en mis seminarios, puedo aseverar que puedes aplicar esta "pregunta mágica" hasta tres veces durante el proceso de la decisión sin perder tu investidura de "gerente de compras", reiterar en más ocasiones es tanto como ejercer poder de venta, el cliente se cerrará y de todas formas... no comprará.

Por otro lado, si después de tres intentos el cliente sigue manifestando objeciones, es un hecho: no ha entendido absolutamente nada, o bien ya tomó la decisión de no comprarte y no sabe cómo decírtelo.

Si regresamos a la postura de su "gerente de compras" y nos planteáramos la escena en la que el comprador es asesorado por un experto de su confianza, observaríamos que el tipo objeciones son distintas, sobre todo el tono en que son enunciadas y en el que el experto las responde; nuevamente el objetivo es convertirse en ese "experto de su confianza", disminuir a casi cero el poder de venta y hacer sentir, al cliente que estamos de su lado, que somos parte de su equipo de profesionales, y no un vendedor externo.

Cuando el proceso de compra camina sin presión también surgen objeciones, pero la mayoría de ellas son reales y seguramente, como quedo ya dicho, tienen que ver con las epidemias del comprador, la clave es percepción y anticipación.

Una vez aisladas las objeciones debes enfocarte en la solución de "ese detalle" que le esta impidiendo comprar, y dejar de vender el producto:

—No creo que a mi esposa le guste.

—Si solucionamos ese detalle, ¿estaría interesado en comprar? Si a su esposa le gusta, ¿cerramos el trato?

—Sí.

—¿Cuándo podemos tener una cita los tres? (y ahora sí un cierre) ¿Le parece bien el martes o prefiere el miércoles?

Y es que realmente el cliente desea tener la opinión de su esposa, no es una objeción falsa, una muestra de debilidad ni es incapacidad para tomar decisiones, el cliente deberá vivir muchos años con tu producto, en su futuro cotidiano, cuando tú ya no estés, tu producto estará en su vida y en la de su esposa también, ¿por qué no buscar que ella participe en el proceso de decisión?

Sé que hay técnicas más agresivas: "¿Y si a su esposa no le gusta, usted dejaría de comprar este bello auto?, ¿realmente su esposa tiene el mismo nivel que usted para tomar este tipo de decisiones?, ¿no cree usted que esta decisión está por encima aún de su esposa?". Y es muy probable que con este tipo de retos emocionales el cliente llegue a la acción de compra, ¡y cómo no!, casi le estás diciendo "imbécil, poco hombre, mantenido, invalido, incapaz de decidir sin la falda de tu mujer".

Pero también es muy probable que después de firmar la solicitud, y aun cuando haya pagado un anticipo, más tardes en regresar a tu oficina que el cliente en dejar un recado en tu contestadora solicitando que no ingreses el contrato hasta nuevo aviso. La realidad es que si para él es importante la opinión de su esposa, no cerrará el proceso de la decisión hasta conciliar con ella, ¿de qué te sirve un cierre con presión que se torne en una cancelación prematura?

Regresemos a nuestra postura actitudinal, si fueras el "gerente de compras" de tu cliente, ¿tendrías inconveniente en hablar con la esposa antes de cerrar el trato?, casi te puedo asegurar que no sólo no tendrías inconveniente, lo recomendarías, casi lo exigirías.

Reitero: una vez detectada y aislada la objeción, concéntrate en solucionar "ese detalle" que está impidiendo el proceso de la decisión, deja de vender el producto:

—Es que me resulta muy caro.
—¿Pero ya vio qué lindo está el color?

Por supuesto que el cliente ya vio lo lindo del color, ya se lo imaginó, ya está convencido de que tu producto soluciona sus necesidades, de que tiene un espacio real en su futuro, vaya, ya decidió que lo *quiere* comprar, pero no está muy seguro de que el costo sea el adecuado.

¿Se le hace muy caro?, ¿no le alcanza?, ¿cree que es un lujo innecesario?, ¿sabe que no lo puede pagar?, ¿tiene opciones más económicas?, ¿o simplemente es una objeción falsa para entretenerte mientras decide? En cualquier caso no es necesario que sigas dando atributos del producto, sino que le ayudes a entender su conveniencia en precio (recuerda la "No necesidad"), ya sea explicando por qué tu producto es más costoso que otros, analizando a detalle las opciones de tu competencia o bien, incluso, buscando alguna forma de contratación que le permita enfrentar el compromiso económico para pagarlo.

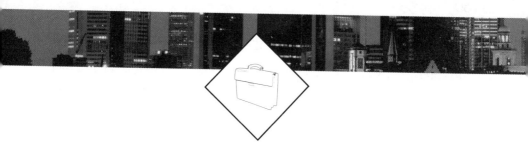

No tengo dinero

Sin duda alguna, la objeción que mejor desarticula la intención de venta de cualquier vendedor es: "No tengo dinero". Todo está perfecto, las necesidades, establecidas, la conveniencia del producto definida, en fin, todo bien hecho… pero "no tengo dinero". Y a veces, hasta con remate: "háblame en tres meses".

Por supuesto que cualquiera se congela con esta respuesta, pero indiscutiblemente estamos hablando de una objeción falsa, al menos en 99% de los casos. La verdad es que nadie tiene dinero para comprar nada. La economía de las personas, incluso la de las empresas, está diseñada desde una premisa clara: "¿De qué presupuesto dispongo para atender mis necesidades?, de acuerdo con este presupuesto, ¿cuáles son prioritarias, cuáles urgentes y cuáles importantes?", y con esta base se administra el recurso dinero.

Es muy difícil encontrarse a un cliente que tenga excedentes líquidos y que no sepa que hacer con ellos, y justo en ese momento llegas tú a ayudarle a gastar su excedente, el libro se llamaría *Ayúdame a gastar*, y no es el caso.

En cualquiera de los ejemplos que señalamos, el proceso de compra inicia por una motivación interna, ya sea porque me gustó la falda, porque me peleaba con mi cónyuge, porque voy a una fiesta y quiero una nueva corbata, porque se me antoja ese nuevo coche, etc. El dinero no es necesario cuando inicia el proceso de la decisión, sino sólo después, cuando llegamos a la acción de compra.

Cuando la decisión de compra está tomada, el cliente se enfrenta a cómo pagar lo que ya decidió que va comprar, vaya, el dinero sirve para pagar, no para comprar lo que el cliente desea. Puede ser entonces que ese "No tengo dinero" sea perfectamente cierto, ya que cuando inició el proceso de compra en su mente no existía siquiera la posibilidad de comprar, y tal vez sea también, por supuesto, la mejor forma de batear al vendedor.

En la experiencia con el modelo de *Ayúdame a comprar*, puedo aseverar que si se presenta esta objeción, es cierta, el cliente, ayudado por su "gerente de compras" terminó el proceso de la decisión, ha comprado ya el producto, pero ahora, en el proceso de la acción de compra, surge un verdadero problema (que no una objeción): ¿cómo lo pago si no tengo dinero?

El procedimiento es el mismo, aislar la objeción y, una vez establecido que es ese el único "detalle" que nos estorba para cerrar la operación, darnos a la tarea de encontrar modelos financieros que permitan la acción, puede ser generando un descuento, creando un fondo de financiamiento, partiendo la adquisición en etapas o cualquier otra forma; pero una vez más ya no es necesario que insistas en vender el producto, él ya lo compró, ahora hay que ayudarle a pagar.

Seguramente más de una vez has recibido una esponja jabonosa en tu parabrisas, el muchacho que pretende obligarte a limpiar tu visión (ejerciendo impunemente su poder de venta) ni te preguntó siquiera si necesitabas o deseabas limpiar el parabrisas. Casi no hay forma de quitártelo de encima, y parece que ya todos los limpiaparabrisas han leído este capítulo. Hace pocos años, con un "No traigo cambio" era suficiente para desalentar al dispuesto franelero, ahora, lo único que provoca ese mismo "No traigo dinero" es una pantomima mitad con sus manos mitad con su trapo en forma circular, acompañado en silencio con el movimiento de su boca: "Ahí me da a la otra", "A la vuelta me da doble".

El desenlace lo conocemos todos, si no impones tu poder de compra y decididamente dices "NO" sin más objeción, y aun en ocasiones a pesar de ese "NO", terminarán limpiando tu vidrio, resulta ser que antes de que el semáforo cambie "descubrirás" que sí tenías dinero y terminarás, casi en tu contra, por regalarle una moneda en pago a su servicio. ¿No que no traías dinero?, ¿de dónde salió? Era, por supuesto, una objeción falsa.

No pretendo invitarte a que salgas a la calle a arrojar tus folletos de venta sobre el parabrisas de nadie, evidentemente en esas circunstancias compramos incluso en contra de nuestra voluntad, desde la imagen hasta el entorno forman parte del poder de venta del franelero, y en verdad hay veces que la oferta es: "Mejor regálame dos pesos y deja que te limpie el vidrio, a cambio y como valor agregado, prometo no robarte, secuestrarte o golpearte."

El punto es ejemplificar burdamente que la objeción del dinero, las más de las veces, es falsa. Cuando es verdadera, cuando efectivamente el cliente ya compró (ya terminó el proceso de compra) y no sabe cómo pagarte, es él mismo quien busca alternativas, casi sin nuestra ayuda.

Me voy a permitir relatarte una experiencia personal, un poco como ejemplo y un poco como desahogo:

Hace algunos años mi mujer y yo nos sentamos a hacer el presupuesto del año, después de un ejercicio numérico establecimos qué compraríamos, en qué gastaríamos el dinero e incluso cuál sería la prioridad en caso de contar con algún excedente inesperado. Cabe mencionar que el presupuesto era robusto, incluía una remodelación de la casa, un cambio de camioneta y como meta (con un esfuerzo adicional) un viaje a Europa.

El plan era magnífico, se fijó la cantidad mensual de "gasto" para que ella administrara y el compromiso de no comprar, ni siquiera sugerir la compra de ninguna cosa fuera de lo contemplado.

Semanas después, abro la puerta de tu casa y me encuentro a medio pasillo una potente aspiradora con tecnología súper "huy huy huy" con filtros de carbono, recuperador de vapores y diseño ergonómico, nuestra amiga aspiradora era capaz de succionar el agua de una alberca en cuestión de minutos, costaba más de dos mil doscientos dólares y había sido presentada a mi mujer por una amiga mamá de un compañerito del colegio de mis hijos. Por supuesto imagino la presentación de venta: miles de impactantes pruebas de la funcionalidad del animalito.

Debo decir que en casa tenemos muy pocas áreas alfombradas, que contábamos con una buena aspiradora industrial cuyo costo no era superior a los ochenta dólares que aún servía, y que mi mujer difícilmente aspira la casa.

¿Vas imaginando el cuadro?

(Léase con exceso de entusiasmo): "¡Mi cielo!, yo ya le dije a Perenganita que en este momento está fuera de nuestro presupuesto, pero ¿ya viste todas las bondades de la aspiradora?, ¡esta genial! Limpia, sacude, succiona y purifica el aire que respiran nuestros hijos.

Para no hacerte demasiado largo el cuento, mi negativa fue rotunda:

"**No** voy a asignar ni tres centavos a una cosa que no estaba contemplada ni necesitamos, no. Prefiero ahorrar para ir a Europa, y si la vieja aspiradora industrial se descompone, con dos mil doscientos dólares podemos renovarla casi treinta veces, la respuesta es NO.

Ella, mi mujer, pareció resignarse y comprender que no debíamos postergar nuestro viaje por una aspiradora "de capricho", pensar en pagarla de su gasto mensual era punto menos que imposible, ya que el diseño del mismo, si bien es cierto que era abultado, ya estaba comprometido en otras cosas. Cerramos el tema y continuó nuestra vida.

Un domingo, muchas semanas después, al buscar un material en la covacha de la casa… ¿a quien crees que me encontré?, ¡claro! A nuestra vieja amiga aspiradora, exhibiendo su hermoso color rojo y todos sus tubos que parecían saludarme coquetamente. ¡Ah, que ingenuo puede ser el ser humano!

"Cielo —grité con dulzura—. ¿Qué tu amiga del colegio no ha pasado a recoger su armatoste de dos mil doscientos dólares? (Ja, ja, ja… ingenuidad).

Por supuesto que la compró, la pregunta es: ¿cómo la pagó? Yo no di un céntimo adicional, y dentro del presupuesto mensual nunca faltó nada que tuviera que estar en casa, ¿de dónde salió el dinero?

Luego conocí la historia: "Amiguita, tu aspiradora me encantó, pero no te la puedo pagar, mi marido no está dispuesto a dar nada. La quiero, la quiero, la quiero, ¿cómo me puedes ayudar?"

El desenlace es casi hilarante: la firma de doscientos cuarenta documentos por once dólares cada uno con vencimientos semanales fue suficiente para que nuestra amiga aspiradora encontrara un nuevo hogar. Como remate, y abusando de tu lectura, quiero hacer notar que han transcurrido ya casi cinco años, el aparatejo sigue usando su espacio en la covacha y yo nunca he tenido oportunidad de ver a mi mujer disfrutando la tecnología mientras aspira.

Podría llenarte de ejemplos, casi te aseguro que la última vez que compraste coche contabas con un presupuesto, el vendedor te dijo: "Con veinte mil más le podemos entregar la versión de semilujo con pantalla para los niños", después viste un modelo superior, total, la diferencia era de tan sólo treinta y cinco mil, y el performance ¡valía la pena! Fin de la historia: te excediste más de 60% de tu presupuesto original.

El dinero, cuando el cliente ha tomado ya la decisión de comprar… deja de ser importante, no sirve para comprar, sino para pagar. El cliente buscará las opciones y recursos, pero te puedo asegurar algo: si el proceso de la decisión de compra concluyó favorablemente, comprará, con dinero o sin dinero, comprará.

Recapitulando:

1. Las objeciones son motivos, razones o pretextos que el cliente encuentra para no terminar el proceso de la decisión.
2. Pueden ser falsas o verdaderas.
3. Cuando son falsas (las más de las veces) son la forma de "quitarse de encima" al molesto vendedor hostigoso.
4. Cuando son verdaderas, son un grito de auxilio con el que el cliente te solicita, casi rogando, que le ayudes a entender, a dimensionar o a resolver la inquietud que no le permite comprar.
5. Más de 90% de las objeciones que manifiesta un cliente (aun de las que no manifiesta) albergan su origen en una o más de las "cuatro epidemias del comprador".
6. Tu tarea es percibir y anticipar: percibir si son reales y anticiparte, durante el proceso de compra, a solucionar las posibles objeciones que "leas" en el cliente.
7. No ataques frontalmente la objeción, diagnostica cuál es la "enfermedad" que la motiva y soluciona de raíz el problema, "no atiendas estornudos, cura catarros".

8. Aísla la objeción para resolverla, ya sea para entender que es una falsa (y pasarla por alto), o bien para establecer que es verdadera y ayudarle al cliente a comprar.

9. Si solucionamos ese detalle, ¿compraría?

10. El cliente ya compró tu producto, no lo sigas vendiendo, ataca la objeción, el motivo, razón o pretexto que no le permite finiquitar el proceso de compra.

11. "No tengo dinero", en 90% de los casos es una objeción falsa, o dicho de otra forma, sólo es verdadera desde el punto de vista de que "nadie tiene dinero" para comprar algo fuera de su presupuesto actual.

12. El dinero no es necesario para comprar tu producto, sino para pagarlo.

13. Si el cliente ya decidió comprar, hará lo que tenga que hacer para conseguir el dinero, tu tarea es brindarle opciones y apoyo.

14. "En casa de Helios hay una aspiradora que no le gusta."

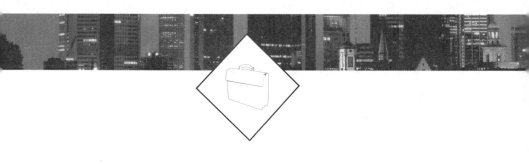

Los siete pasos de la venta y no me vendas… ayúdame a comprar

Antes de dar por terminado este libro creo importante, especialmente para el vendedor novato, relacionar los principios básicos de cualquier curso de ventas "de inicio rápido" con el concepto de *No me vendas*.

El grueso de las compañías que hemos capacitado desde hace más de quince años ya sea en programas de ventas, de productividad o de desarrollo humano integral, proponen como seminario de inducción a los nuevos vendedores una metodología estandarizada, que, dicho sea de paso, queda como primer aprendizaje y base de la carrera de los vendedores. Si eres un vendedor novato, seguramente serás capacitado con esta estructura, si eres uno consolidado, seguramente lo fuiste.

Y es que el proceso de la venta, como el de la compra, tiene una estructura bien definida, la mayoría de los expertos proponen principios elementales para su estudio e implementación:

Conocimiento del producto
Conocimiento del prospecto

Generar un acercamiento o contacto

Establecer sus necesidades

Presentar el producto o servicio

Técnicas para el cierre

Servicio post venta

Sin pretender profundizar en el proceso de la venta, me permitiré a continuación recordar los principios elementales de cada etapa y acotarlos al modelo de *No me vendas;* recuerda en todo momento que el concepto fundamental es tu postura actitudinal, no eres su vendedor, sino su "gerente de compras".

Conocimiento del producto

El vendedor (el gerente de ventas) debe ser un experto a cabalidad del producto o servicio que representa, de su entorno, de la competencia y de cualquier variable imaginable que tenga que ver con su producto. Es tu obligación capacitarte y no sólo eso, sino también mantenerte actualizado, y quiero dejar en claro que es tu obligación, no de la empresa para la cual trabajas.

Si tu empresa no te capacita, bríncatela y asigna un porcentaje mínimo del 8% de tus utilidades para invertir en capacitación y actualización; es decir, tu conocimiento *aplicado* lo intercambias por comisiones.

Ya en otro capítulo hice hincapié en el asunto, a ti no te paga tu empresa, tus ingresos salen del bolsillo de tus clientes, tu verdadero jefe es el cliente. Un porcentaje de lo que él paga compra tu producto o servicio, otro porcentaje paga tu conocimiento y qué tanto le asesoraste, es decir, le ayudaste a comprar.

Cuando afirmo que el vendedor debe ser experto en su producto y negocio quiero decir también que el cliente no tiene que serlo. Y es que es un error frecuente que el vendedor trate de explicar a profundidad y con lujo de detalle cómo funciona su producto, usando palabras y términos cotidianos para él, pero demasiado técnicos para el cliente.

Erróneamente damos por hecho que el cliente sabe de qué le estamos hablando, y aun cuando en ocasiones entiende más que nosotros, en la inmensa mayoría de los casos no es así; justo por eso estamos frente a él, porque sabemos más de nuestro producto, somos expertos calificados para hacerle una recomendación de compra.

Por supuesto que tendremos que explicarle nuestro producto, pero desde su punto de vista, en forma empática y cercana, con palabras y términos que pueda comprender. Entendamos como principio elemental que al cliente no le importa saber del producto más de lo que a él directamente le interese de acuerdo con su expectativa y necesidad.

Lo anterior se resume fundamentalmente en explicar, en forma sencilla, lo siguiente acerca de nuestro producto:

- ¿Qué es?
- ¿Qué hace?
- ¿Cómo lo que hace beneficia al cliente?

Por supuesto que el vendedor debe conocer todos los detalles que giren en torno al producto, servicio y mercado, pero sólo para estar a la altura de las preguntas del cliente, no para intentar hacer de él un experto.

De nuevo te invito a verlo "desde lejos":

Si en el consultorio tu dentista te dice: "Es necesario sacarte el tercer molar", no necesita explicarte técnicamente de qué estás enfermo, cómo se llama el procedimiento ni cuál es la sal de la que esta conformada la medicina que te aplicará, a ti como paciente te basta con saber que el tercer molar es la muela del juicio, que viene chueco y que si no lo saca te desacomodará los dientes, cuánto te va a costar y en su caso, si te dolerá mucho.

El dentista es él, tu asesor de confianza, tu profesional a sueldo, vaya… tu "gerente de compras", y es él quien sí debe ser un experto, no sólo para venderte su servicio, sino para estar a la altura de cualquier duda que puedas tener y cualquier imprevisto durante la cirugía.

Antaño, la presentación del producto estaba diseñada para utilizar todo el lenguaje técnico posible, con la idea justamente, de que el cliente entendiera menos de la mitad de lo que se le estaba diciendo, presionarlo con información y acorralarlo. "Estará usted de acuerdo conmigo en que…", "Por supuesto esto hasta un niño lo sabe", "Cualquier persona de su nivel entiende el concepto", eran frases que se incluían entre tecnicismo y tecnicismo para impedir que el cliente manifestara objeciones, al hacerlo, quedaba como imbecil, era acorralado y presionado a comprar con puro poder de venta.

Hoy, como lo hemos reiterado, el mercado ya cambió, el vendedor es el experto a sueldo que debe ayudarme a tomar una decisión, desde mi punto de vista y basado en el conocimiento tanto del producto como de mis necesidades.

Conocimiento del prospecto

Cosa buena es saber a quién se le va a vender, sobre todo para ir alimentando una enorme lista de candidatos.

El éxito en ventas es puramente estadística, si presentas tu producto a diez personas puede ser que las diez se interesen, pero sólo algunas pocas tendrán el perfil necesario para comprarte; tiene que ver con los atributos mismos de lo que vendas. Su edad, su condición académica y el origen de sus necesidades son condiciones indispensables para determinar qué tan buen prospecto puede ser.

Si tu vendes tractocamiones, puede ser que a mí me encanten, es más, puede ser que visite la expo del transporte y "me llene el ojo", pero mientras no necesite un tractocamión para escribir libros o para impartir seminarios o conferencias, difícilmente te compraré. La prospectación, luego entonces, es un filtro para manejar las estadísticas a tu favor.

No hace mucho un hombre mayor, padre de un amigo mío, me contó una anécdota, él decía:

Mira hijo, a mi edad, y en mi condición, encontrar pareja para los menesteres del cuerpo no es tan complicado, el día correcto me levanto y aseo, salgo a la calle con mi mejor talante y toco la puerta de diez casas en las que sé que el esposo no está.

Cuando la dama abre, con toda serenidad le digo:

—Buenos días, no deseo faltarle al respeto, como usted puede ver soy un hombre maduro, pero atractivo, y estoy interesado en tener una relación íntima con usted, si mi propuesta le ofende le suplico que me ignore y continúe con sus actividades.

Por supuesto yo no podía creer lo que me estaba diciendo, a la fecha aún no sé si es anécdota real o simplemente una broma, pero ingenuamente le pregunté: "¿Y cómo le va?", me dijo:

—Bueno, de cada diez señoras por lo menos ocho me mandan al diablo o me abofetean.

Morbosamente confirmé:

—¿Y las otras dos?

—Mira, hijo, ocho bofetadas ¡bien valen la pena!

La prospectación no es otra cosa que el estudio del tipo de candidatos a quien debes visitar primero, la forma única de disminuir el porcentaje de bofetadas y aumentar el de cierres.

Debo, sí, proponerte conceptos elementales de prospectación:

Es una técnica

Debes establecer un protocolo para prospectar, definir desde tu fuente de contactos hasta el proceso con el cual los vas a calificar.

Debe sistematizarse

Asigna recursos específicos y sistemáticos para prospectar con un programa de resultados medible. Por ejemplo, destina todos los martes de 11:00 a 14:00 a prospectar y calificar candidatos, y establece una meta mínima de resultados: "No me levantaré de la computadora hasta que no cuente al menos con ocho candidatos calificados", y cúmplelo sistemáticamente cada semana.

Nunca, pero nunca termina

Conozco viejos lobos de mar, con más de cuarenta años de experiencia en ventas y cuentas bancarias envidiables… siguen prospectando sistemáticamente, cuando reciben un referido lo califican antes de atenderlo, hacen trabajo de casa, lo visitan con un plan específico, vaya, hasta se dan el lujo de aceptarlo o no en su cartera de clientes.

El prospecto de hoy es tu fondo de retiro

Cuando vas manejando en la carretera de noche y un auto en contrasentido te deslumbra, lo que debes hacer es enfocar tu mirada en la línea blanca a la izquierda del camino, esto te permite enfocarte, y puedes tener una certeza: esa línea blanca ¡sabe llegar a donde vas!, no tienes más que seguirla.

La prospectación, según mi modo de ver, es esa línea blanca, es el pequeño metro que se camina todos los días y te conduce al destino final, casi sin darte cuenta.

Generar un acercamiento o contacto

Ya sea en forma telefónica, por correo electrónico, mediante cita en frío o por cualquier otro medio, es fundamental que el cliente esté dispuesto a darnos una entrevista y escucharnos. Incluso si eres vendedor de mostrador, este paso del proceso de venta existe, tenemos que lograr que el cliente nos favorezca con su atención.

El principio de este paso, de acuerdo con la técnica ortodoxa es "vender la idea de la entrevista" y "venderte a ti mismo como un profesional en la materia", diría yo, como su "especialista a sueldo", como su "gerente de compras".

El cliente debe estar primero interesado en la idea de tener una entrevista contigo, por lo que intentar vender tu producto o servicio por teléfono, por carta o por otro medio "enfría" la relación y detiene el proceso de compra en su mente. Aun en la época de las comunicaciones electrónicas, el comprador común está interesado en ser atendido por un ser humano, no por un portal de internet ni por un contestador automático.

Si bien es cierto que el correo electrónico es una gran herramienta para hacer contacto, depende de masivos envíos de información a los que, por mera estadística, un porcentaje de prospectos contesta manifestando su interés. Lo cierto es que aquel que contesta tiene grandes posibilidades de convertirse en cliente, pero también es verdad que el porcentaje de bateo es muy pero muy pequeño, y que esta modalidad de operación está prohibida por la ley.

Cuando hablamos del contacto nos referimos al proceso de invitar al cliente a que nos destine unos cuantos minutos de su tiempo.

Los vendedores novatos intentan vender el producto por teléfono, arrancando veloz y entusiastamente un guión prefabricado que no hace otra cosa que hacer sentir al cliente que está hablando con una máquina.

Algún gerente de ventas que tuve en mis ayeres cuando era vendedor me decía mientras yo vendía por teléfono: "Si tu cliente está interesado, ¿te puede firmar la solicitud por teléfono?", la respuesta (en ese entonces) era "No". "Luego entonces, no levantes el pedido, consigue que te escuche cara a cara en su oficina."

La mejor forma de lograr lo anterior es proponiéndonos a nosotros mismos como especialistas en la materia, he aquí la enorme importancia de la actitud correcta. Si en realidad te sientes su "gerente de compras", su asesor profesional dispuesto a ayudarle y no a presionarle, tu tono de voz, la intención de lo que en las cartas escribas, será un parteaguas y se transmitirá.

El segundo concepto es vender la idea de una entrevista, no del producto, y hacerle ver que perderá mucho menos tiempo cara a cara que recibiendo y leyendo información previa de tu producto por correo.

"Un folleto no contesta preguntas. ¿Cuánto tiempo toma leer y entender un folleto de cualquier producto?, le aseguro que en doce minutos con reloj en mano le puedo explicar el funcionamiento básico de mi producto y, si me permite, conocer sus necesidades y hacer un plan a su medida."

En alguna campaña de venta en frío para inscribir vendedores a nuestros cursos, diseñamos (y de hecho seguimos utilizando) nuestra "tarjetita quitatiempo". El concepto es sencillo: nuestro vendedor se presenta fuera de la oficina del gerente de ventas de las agencias con un gran cronómetro colgando sobre la corbata, y le pide a la secretaria del gerente la posibilidad de ser recibido en ese momento y sin cita.

Comúnmente la secretaria pregunta al gerente y éste a su vez solicita más información, o de plano se niega rotundamente. Ante esta respuesta, le pedimos a la asistente que le entregue al gerente una tarjeta con la excelente imagen de nuestra empresa y un texto similar al siguiente:

Respetable prospecto:

Sabemos de antemano que su tiempo es importante, justamente por eso nos gusta ser breves e impactantes, le pido que me conceda doce minutos de su tiempo, mismo que acotaré con el cronómetro que tengo colgado.

En este tiempo puedo explicarle un modelo de capacitación capaz de impactar y aumentar los resultados de su fuerza de ventas.

Doce minutos es tiempo más que suficiente para saber si a usted le interesa nuestro programa, si es así agendamos una entrevista profunda, si no lo es, no nos quitamos tiempo mutuamente.

¿Me permite pasar?

Mientras el gerente lee la tarjeta, invariablemente voltea a cerciorarse de que nuestro ejecutivo trae colgando un cronómetro en la corbata, momento en que nuestro asesor le sonríe y le confirma que doce minutos son suficientes.

Los resultados son categóricos, 40% no acepta la cita en frío, otro 40% sale con la agenda en la mano y programa una entrevista, 20% nos permite pasar y presentar.

Por supuesto el método exige que a los doce minutos puntualmente le avisemos al prospecto que nuestro tiempo terminó, y que estamos dispuestos a escuchar sus dudas a profundidad el día y hora que él diga; la mitad de los que nos dejaron pasar prolongan los doce minutos a más de cincuenta en ese mismo primer encuentro.

El método de la "tarjeta quitatiempo" es una mera idea de cómo, creativamente, conseguir que el cliente se interese en escucharnos. Por supuesto, puede funcionar o no en tu negocio, lo que sin duda sirve es venderte como un profesional y generar interés en el cliente, siempre sin manipular y con la actitud adecuada.

Establecer sus necesidades

Una vez en la cita cara a cara, es importante establecer desde el primer momento que estamos de su lado. Lo mismo que un médico necesita escuchar y observar los síntomas de su paciente antes de generar un diagnóstico y una estrategia terapéutica, el asesor debe cerrar la boca y abrir los oídos. Un viejo adagio versa: "Tenemos dos oídos y una sola boca, probablemente para que escuchemos el doble de lo que hablamos".

El fundamento de este paso es ayudar al cliente creando la atmósfera de asesoría y confianza apropiada para que sea él mismo quien diga abiertamente sus necesidades, para que nosotros seamos capaces de percibirlas y más adelante explicar cómo nuestra oferta de producto satisface sus expectativas.

Por supuesto que debemos ser empáticos y estar alerta, no esperes que el cliente te diga en tu lenguaje lo que él necesita, tendrás que escuchar su propio lenguaje y "traducirlo" al de tu producto.

Una vez más velo desde lejos:

Cuando vas con el medico éste te pregunta: "¿Qué tiene, qué le duele?", tú **no** contestas "Tengo un hematoma en la región occipital", tú le dices algo así como: "Me puse un fregadazo en la cabeza y no aguanto el dolor", el moretón y el chipote son incidentales.

Será el médico, con su conocimiento del servicio, quien al hilar preguntas investigará los pormenores y antecedentes de qué tienes y cómo tratarlo, pero primero se deja llevar por tus respuestas y las interpreta casi al mismo tiempo en que las vas diciendo.

Presentar el producto o servicio

Por alguna extraña razón, las técnicas ancestrales separan la detección de necesidades como cuarto paso de la venta, de la presentación del producto como quinto. Realmente bajo el esquema de *No me vendas… ayúdame a comprar* ambos procesos se van hilvanando en la misma presentación cara a cara.

Por supuesto, hay productos o servicios más especializados que otros, en los que es rigurosa una primera sesión para "levantar" antecedentes, diagnosticar, regresar a la oficina a diseñar un plan de trabajo y, en una nueva cita, presentar el producto adecuado. Pero incluso en esta nueva cita es frecuente que surjan nuevas necesidades y nuevas expectativas, por lo que yo propongo que ambos pasos vayan tomados de la mano.

El principio elemental en la presentación es, aunque parezca obvio, presentar el producto adecuado a la necesidad detectada, sin tratar de forzar sus atributos para que embonen en las necesidades del cliente.

Lo anterior supone un ejercicio de disciplina y ética por parte del vendedor, ya que en muchas ocasiones, tal vez presionado por el gerente o por la compañía, trata de vender el producto que más le conviene a él ya sea por el porcentaje de comisión, por los bonos o por cualquier otra condición. Si bien es cierto que estamos en el negocio para ganar dinero, lo es también que hay varias formas, varias posturas para lograrlo.

Desde la óptica de *No me vendas…* la carrera de ventas es de fondo, de trascendencia y de años, no de velocidad, el protocolo del libro te permite hacer de candidatos prospectos, de prospectos clientes y de clientes cuentas a largo plazo, y esta condición simplemente antagoniza con la venta presionada o manipulada.

No presentar el producto más adecuado al cliente es, por donde se vea, un engaño, no decir toda la verdad, es también mentir. Si como lo hemos repetido a lo largo de todo el libro tu postura es la del "gerente de compras", no hay espacio a ese tipo de faltas de profesionalismo.

También resulta importante que la presentación que hagas al cliente tenga un orden, según los siguientes principios:

a. Ve de lo general a lo particular.

b. Usa un lenguaje que el cliente pueda entender, elimina tecnicismos y jerga de tu profesión.

c. Divide mentalmente o incluso por escrito tu presentación en temas, a cada uno asígnale un objetivo y no avances al siguiente tema hasta que no estés completamente seguro de que tu cliente entendió el anterior, esto, además de facilitarte el proceso, le permite al prospecto alimentar poco a poco el proceso de compra.

d. Cada tema debe tener una conclusión práctica y de aplicación inmediata para tu cliente, parte de la postura de que él ya compró, esto es, no le digas cómo tu producto lo va a beneficiar sino cómo lo beneficia aquí y ahora en caso de que ya lo hubiese comprado.

e. Si logras un orden lógico, y pequeños acuerdos en cada tema el cierre caerá en cascada, como una consecuencia lógica del proceso de compra.

f. Sé flexible, si tu presentación del negocio no tiene espacios para dudas u observaciones del cliente perderás la magnífica oportunidad de ir, sobre la marcha, detectando objeciones, epidemias e incluso necesidades no descubiertas o nuevas expectativas.

g. Aunque tú presentas, conserva la postura actitudinal de escuchar el doble, mantén tus oídos alerta.

h. Mantén en todo momento tu postura de "gerente de compras".

Técnicas para el cierre

Hemos revisado ya un capítulo completo de la relación de las técnicas de cierre con el enfoque de *No me vendas…*, por lo que profundizar me resulta ocioso, te invito sí a releer el capítulo en cuestión para que tu mente lo "reacomode" en el concepto de los siete pasos del proceso de la venta.

Servicio post venta

He aquí el paso más difícil, el más comprometedor, el servicio posterior a la venta. Ya cerraste, ya cobraste tu comisión, incluso ya la gastaste. Tienes ahora frente a ti la extraordinaria oportunidad de convertir un cliente en cuenta, y de poder, amén de fortalecer una relación humana, alimentar una fuente de ingresos futura y constante.

¿Sabías que más de 89% de los clientes de cualquier producto no vuelven a recibir una llamada telefónica de quien se los vendió? ¿No te parece abrumador?, ¿un gran desperdicio?

Para muestra un botón: deja de leer este libro como vendedor e invístete de comprador en este momento; ¿quién te ha vuelto a hablar después de venderte algo?, ¿el del coche?, ¿tal vez el del celular?, ¿probablemente el del sistema vacacional o el de la lavadora? Parece que tres semanas después de que pagaste dejas de ser importante para el vendedor que te atendió, no eres digno de saludo alguno ni, por supuesto, puedes recomendarlo a tu lista de amigos o conocidos.

Ese 11% de clientes que reciben una llamada seis meses después de haber comprado está compuesto en su mayoría por aquellos que compraron algo con financiamiento y vencimientos semestrales o anuales. La explicación es profunda, y a la vez sencilla: cuando la venta se hace ejerciendo el poder de venta, es decir, cuando nos vendieron, tanto cliente como vendedor aterrizan el proceso unas cuantas semanas después, analizan lo sucedido y establecen posturas.

Incluso cuando la venta estuvo bien hecha y con poca o nula presencia de manipulación el comprador entiende tarde o temprano que lo empujaron a comprar, puede ser que le importe o no, pero termina por identificarlo. El vendedor por su parte paga cara su osadía, no sabe, a ciencia cierta, cuál es la postura del ahora cliente y, por supuesto, está consciente de la presión que ejerció. La factura se paga con inseguridad y baja autoestima. Esto es un poco como la infidelidad, puede ser que tu pareja nunca se entere del acto cometido, pero con que lo sepas tú es suficiente para no poder sostener la mirada limpia.

El vendedor no alimenta entonces la cuenta emocional de la relación con el cliente, es más, sabe que de alguna manera "quedó un saldo pendiente" por pequeño que sea. Llamarle implica correr el riesgo de que cancele, solicite servicio, se haya dado cuenta de que fue manipulado y se queje, o nos haga ver que su necesidad no fue satisfecha y que está a disgusto con la compra. El temor al rechazo es el principal motivador para que el vendedor nunca vuelva a tener contacto con el cliente.

La postura es tan incómoda como en el ejemplo de la furtiva y casual relación sexual entre desconocidos, en el estereotipo social, el caballero hará y dirá lo que sea necesario para "cerrar" la venta, mientras que la dama "se deja convencer"; al día siguiente, ninguno está dispuesto a darle la cara al otro, mucho menos a hablarle por teléfono y preguntar "¿Cómo estás?, ¿puedo hacer algo por ti?". El caballero literalmente no tiene cara porque sabe que llegó a la meta con atajos, mientras que la dama prefiere no darse cuenta de que fue manipulada y borrar el incidente.

Tanto en el ejemplo anterior como en las ventas, no estamos diciendo que la operación no haya sido exitosa, y que puede haber "recompras" abiertas y maduras, sólo que la forma de concretar el primer episodio imposibilita emocionalmente a ambas partes.

Claro está que esta condición queda nulificada por completo cuando la venta se realiza desde el proceso de compra, he aquí la aportación fundamental de *No me vendas. ¡Ayúdame a comprar!*

Si la venta inicial fue realizada con transparencia, con apertura y madurez, sin manipulación y con auténtica asesoría, la relación se fortalece, ya que se respira un ambiente de confianza profunda. Desde este enfoque, el vendedor, el asesor, tiene toda la puerta abierta para hacer llamadas de seguimiento, saludar, vender más, solicitar referidos y anexar un registro a sus relaciones sociales.

Si alguna vez te has preguntado por qué no te volvió a hablar el vendedor de autos, puede ser que acabes de leer su historia, lo importante es que no sea la tuya.

Hay un sinnúmero de soluciones al seguimiento, desde programas de computadora que automatizan una tarjeta del vendedor que el cliente recibe sistemáticamente cada mes, hasta empresas especializadas en las relaciones publicas, pero ninguna, ninguna de estas herramientas funciona si la venta inicial se logró a través de manipulación o poder de venta; la base es dejar de vender y ayudar a tus clientes a comprar.

Recapitulando:

Del conocimiento del producto:

1. El experto eres tú, no el cliente.
2. Es tu obligación capacitarte y actualizarte.
3. A tu cliente sólo le interesa saber ¿qué es?, ¿qué hace? y ¿cómo lo que hace le genera un beneficio?

Del conocimiento del prospecto:

4. La prospectación es la única forma de inclinar las estadísticas a tu favor.
5. "Ocho bofetadas bien lo valen".

6. Es una técnica, debes sistematizarla, nunca termina y es tu fondo de retiro.

7. La línea blanca en la carretera ¡sabe llegar a donde vas!

Del contacto o acercamiento:

8. En el contacto vende la idea de la entrevista y véndete a ti mismo como un profesional en la materia, que se le antoje escucharte, conocerte.

9. Hazle ver al cliente que perderá mucho menos tiempo en una entrevista cara a cara que en el proceso de mandar, recibir, analizar y entender información técnica.

De la detección de necesidades y presentación:

10. Tienes dos orejas y una sola boca, escucha el doble de lo que hablas.

11. No esperes que el cliente te dé sus síntomas en tu lenguaje, interpreta e investiga sus respuestas conforme las vas recibiendo.

12. Presenta el producto adecuado a la necesidad específica, aunque no sea el que más les convenga a ti o a tu compañía.

13. Has de tu candidato un prospecto, del prospecto un cliente y del cliente una cuenta para muchos años.

14. Mantén un orden lógico en tu presentación, divídela en temas y asigna un objetivo a cada tema, procura no avanzar al siguiente hasta que estés claro que el cliente ha comprendido el anterior.

15. Habla a tu cliente en presente, como si ya hubiese comprado tu producto.

16. Mantén en todo momento tu postura de "gerente de compras"

Del seguimiento y servicio posterior a la venta:

17. El seguimiento posterior a la venta se imposibilita cuando el primer negocio se cerró con poder de venta.

18. El vendedor mismo "no tiene cara" para volverse a acercar al cliente meses después, ya que sabe que la manipulación estuvo presente.

19. Aun cuando el cliente no tenga identificada la sensación de haber sido manipulado, el vendedor lo sabe y paga la factura con baja autoestima e inseguridad.

20. No hay sistema de seguimiento que funcione si la primera venta se logró por presión.

21. Si alguna vez te has preguntado por qué el vendedor no te ha vuelto a hablar, probablemente acabas de leer su historia, mi mejor deseo es que esta no sea la tuya.

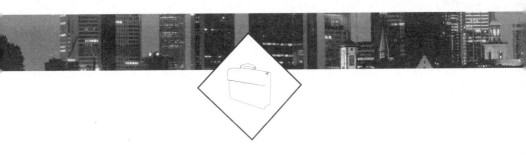

Sólo las acciones
generan resultados

"Quien ama la vida no malgasta el tiempo, porque de tiempo está hecha la vida", y tú has decidido pasar algunas horas conmigo compartiendo este libro. Este último capítulo pretende, antes que otra cosa, agradecerte abiertamente el tiempo que has dedicado a la lectura.

Además de que estoy seguro de que habrás encontrado más de un concepto de aplicación práctica, que sin duda alguna nutrirá tu profesionalismo y resultados, es un hecho que durante unos cuantos días mis palabras hicieron eco en tu mente al ser leídas y me has honrado con la posibilidad de hacerme un espacio en tu tiempo y en tu cerebro para compartir contigo mis conceptos.

Hay una ley física que dice "a cada acción corresponde una reacción", y en este mundo tangible y material de los resultados lo importante es sin duda lo que coseches. Difícilmente pagarás el alquiler con conocimientos, con libros o con ejemplos, necesitas dinero y éste es el resultado, la reacción de tus acciones.

Sin importar tu antigüedad o experiencia, seas novato o viejo lobo de mar, está más que claro que lo que tú no hagas por ti, nadie lo hará. Estoy seguro de que conoces al vendedor novato "con suerte", el joven que llega por primera vez el lunes a la junta con el gerente, al ser presentado al equipo hasta indiferencia provoca, cuando más, en el radio pasillo se hace presente el comentario (y a veces la quiniela) de "a ver cuánto dura".

No acaba de terminar el mes cuando ya ingresó más del doble de solicitudes que el promedio de la fuerza de ventas, el gerente hasta de ejemplo lo pone, "¡En sus primeras dos semanas Fulano ha logrado tantos cierres!", y nuevamente el radio pasillo "Suertudo", "Seguramente tiene muchas relaciones, pero el mercado natural se agota".

Para el cierre del primer trimestre califica en segundo lugar, y el trimestre siguiente es todo un veterano. Por supuesto, cuando es puesto nuevamente de ejemplo a los demás vendedores el pensamiento colectivo es "Y a mi qué me importa cuánto venda o no este sujeto, me interesa cuánto venda yo".

¿Realmente es un tipo con suerte?, ¿realmente su cartera natural está tan llena de grandes contactos?, ¿será que logró aprender en unas cuantas semanas lo que tu has tardado meses o años?, bueno, vaya… ¿es mejor que tú?

No lo creo. No lo creo y tampoco importa, no pretendo "picarte", sino establecer el último concepto del libro: aun con menos experiencia, menos conocimiento y menos seguridad que el vendedor consolidado, el "joven con suerte" obtiene mejores resultados simplemente porque genera más causas.

En algún capítulo hablamos de que las ventas son estadísticas, porcentaje de bateo. Cuando ves a un bateador enfilarse a *home*, en la televisión aparece un número decimal "0.325" o "0.420" o cualquier otro, significa la cantidad de veces que el jugador logra embasarse, de cada 100 intentos 0.325 (o tres de cada diez) son al menos de *hit*.

Por supuesto que un bateador con promedio bajo puede incrementar sus "cierres" yendo más veces a *home*, si mi promedio es de sólo 0.125 y necesito cinco cierres tendré que intentarlo cuarenta veces y por mera estadística alcanzaré el resultado deseado. Si por el contrario el bateador tiene más experiencia, técnica y conocimiento, y su porcentaje de bateo es de 0.400, necesitará no más de doce "intentos" para concretar los mismos cinco *hits*.

No importa demasiado el nivel que tengas, en ventas aplica el mismo principio, puedes necesitar más o menos intentos, pero sólo aquellas ocasiones en las que te pares en el plato son las que sumarán a tu promedio. Sólo las acciones generan reacciones, con conocimiento y experiencia o sin ellos; tienes que salir a la calle y generar causas, ten por seguro que los efectos llegarán.

Hace muchos años, cuando era yo vendedor, mi gerente (y maestro) nos proponía que las ventas eran como un deporte y que como en cualquier deporte los músculos tenían que calentar antes de empezar la competencia. A partir de esta propuesta nos citaba a las 8:45 en un crucero de la Ciudad de México y nos decía: "Nuestro horario de trabajo inicia a las 9:30, tenemos 45 minutos para calentar", y entonces nos agrupaba en parejas y nos mandaba a cambacear.

El objetivo de esa primera cita en frío no era vender, sino ensayar la presentación y someternos al ejercicio de intentar vender aunque fuera a un desconocido no calificado. Lo sorprendente es que en muchas ocasiones la única venta del día se lograba justo en esas sesiones de "calentamiento", seguramente porque nuestra postura mental era mucho más relajada, ya que el objetivo no era vender, transmitíamos más espíritu de asesoría que poder de venta… y cerrábamos.

Sólo las acciones generan reacciones

Y me gusta cerrar los seminarios de ventas con dos estupendos consejos para incrementar tus resultados, te invito a ponerlos en práctica:

→ Ver gente.

→ No acepto excusas.

Ver gente

Este ejemplo me apasiona. El atareado hombre que aborda el vagón del metro repartiendo tarjetas en silencio:

> "Discúlpeme, soy sordomudo, cómpreme esta estampilla para ayudarme a vivir, gracias."

→ No ejerce el más mínimo poder de venta.

→ Trabaja menos de cuatro horas diarias.

→ En esas cuatro horas cambia de vagón al menos cincuenta veces, una cada cinco minutos.

→ En cada vagón reparte en promedio ochenta tarjetas, y sólo diez o doce personas le compran su producto.

→ La tarjeta, acompañada en pocas ocasiones con un dulce o un juguete, tiene un costo de dos pesos.

Gana $24 por vagón, que, por cincuenta vagones diarios suman $1 200, por cinco días a la semana representan $6 000, por cuatro semanas al mes le permiten un ingreso de $24 000; aun descontando el costo de las tarjetas y de los dulces, obtiene $20 000 libres de polvo y paja trabajando solamente 4 horas diarias.

¿Qué es lo que hace este sujeto para obtener este ingreso?

Ver gente

¡Ni siquiera habla con ella!

Sólo la ve.

Sube al plato de bateo cuatro mil veces al día (ochenta personas por cincuenta vagones), y obtiene un promedio de venta de tan sólo 0.15%. No te propongo que salgas a vender tu producto en los vagones del metro, pero te garantizo que ver gente incrementará tus ingresos.

No acepto excusas

No acepto excusas, pero ¡ni siquiera las mías!

Somos los primeros en anteponer excusas a nuestros resultados: que si la distancia, el clima, la compañía, la competencia o la crisis, las campañas electorales, el tráfico, la suerte… en fin. Una excusa es "una razón lógica para no hacer lo que sé que tengo que hacer cuando lo tengo que hacer". Y siempre hay a la mano alguna entre mis causas y mis efectos.

Sólo las acciones generan reacciones, sólo con disciplina y constancia férrea lograrás resultados fuera de lo ordinario. Muchos vendedores tienen lo que llamo "ventas de electrocardiograma": "No vendo, no vendo, no vendo, ¡vendo!, no vendo, no vendo, no vendo, ¡vendo!". Y es que la venta y la comisión de esta semana me permiten sobrevivir determinada cantidad de días, a veces semanas o incluso meses, mientras la necesidad económica no apremia no hago, concienzudamente, nada por generar.

Disfrazo trabajo de resultados, y sí, trabajo mucho, pero vendo poco. Los mejores días para vender…. son los días de lluvia, todos los vendedores de la competencia se quedan en su oficina (o casa), y el cliente está atrapado en la suya sin poder hacer nada, con todo el tiempo para escuchar tu propuesta.

Las ventas son, desde mi punto de vista, la profesión más balanceada y justa que existe, ya que el resultado está directamente relacionado con lo que haga o deje de hacer el vendedor. Si mi secretaria esta semana contesta el doble de llamadas, atiende el doble de correos y me sirve tres veces más café no ganará el doble de sueldo.

Las ventas te permiten equilibrar justamente tu vida. Obtienes tanto como deseas, tanto como te comprometas a sembrar. Claro, no cobras por trabajar, sino por producir. Al final de la jornada no importa lo que diga o deje de decir tu gerente, tu empresa o tu servidor, tú sabes, frente al espejo, que depende de ti, y sólo de ti generar las causas; los efectos, por física elemental, llegarán cuando tengan que llegar.

Por ahora, y en nombre de todos tus clientes, las causas se resumen a ver gente sin excusas, dejar de venderles y ayudarles a comprar, tal como lo harías si auténticamente te creyeras el papel de "su gerente de compras".

Gracias por tu tiempo.

Helios

Nuestros perfiles en redes sociales

Helios Herrera Consultores S.C.

HH Consultores "El Poder de Vender"

Tu carrera después de la carrera

Twitter @Helios_Herrera

Youtube Helios Herrera

En la web puedes suscribirte a nuestro boletín electrónico en:
www.heliosherreraconsultores.com

No me vendas. ¡Ayúdame a comprar! se
imprimió en enero de 2016,
en Acabados Editoriales Tauro, S.A. de C.V.
Margarita 84, Col. Los Ángeles,
Del. Iztapalapa, C.P. 09360, México, D.F.